I0334687

www.ingramcontent.com/pod-product-compliance
Lightning Source LLC
Chambersburg PA
CBHW070441010526
44118CB00014B/2148
9781068860232

پندار نیک

گفتار نیک   کردار نیک

فروهر: منِ ایزدی

بهرام مترصد (اسپیتما)

حق تکثیر© آوریل ۲۰۲۴ بهرام مترصد. تمامی حقوق محفوظ است.

هیچ بخشی از این کتاب نمی‌تواند مجدداً تکثیر شود، یا در سیستم بازیابی ذخیره شود، یا به هر شکل و با هر وسیله‌ای اعم از الکترونیکی، مکانیکی، فتوکپی، ضبط، یا دیگر وسایل نقل شود، مگر با اجازهٔ کتبی صریح از ناشر.

بهرام مترصد، معروف به "اسپیتما"[1]، روان‌درمان‌گری با تمرکز ویژه بر معنویت شرقی است و در این حوزه بیش از سه دهه فعالیت داشته است. او دارای لیسانس در روانشناسی و فوق لیسانس در زمینهٔ ازدواج و مشاورهٔ خانواده است، و از دیدگاه‌های گوناگونی در روند درمانی استفاده می‌کند.

او علاوه بر تحصیلات آکادمیک، به فرهنگ‌ها و آیین‌های مختلفی مانند صوفی‌گری، بودیسم، یوگا، مزدائیسم، و مسیحیت علاقه‌مند است و از آن‌ها در فرایند درمانی خود بهره می‌برد. این تنوع در رویکرد درمانی، باعث انعطاف و بی‌طرفی او در روند درمان است.

او همچنین حدود ده سال در آیین‌های سنتی بومیان کانادا در چادرهای بخار و تمرینات آن‌ها شرکت کرده است. این چادرهای بخار در فرهنگ بومیان کانادا جزئی از تمرینات معنوی و روحانی هستند و تأثیرات مثبتی بر روح و جسم افراد دارند. همچنین، او بیش از سه دهه است که در زمینهٔ مدیتیشن فعالیت دارد و تجربیات خود را در این زمینه نیز به دانشجویانش انتقال می‌دهد.

قدردانی

این کتاب، ادای احترامی است به خانواده‌ام که در دو سوی دنیا، در کانادا و ایران، نقشی بزرگ در شکل‌گیری زندگی‌ام داشتند. دل‌نوشته‌ام را به فرهنگ پارسی تقدیم می‌کنم، آن معلم بزرگی که حکمت شرق را به من آموخت. همچنین قدرشناس فرهنگ غرب هستم و نیز مردمانی که چهل سال از زندگی‌ام را در مهر و محبت خود جای دادند. خوشبخت می‌دانم خودم را که توانسته‌ام عمق دانایی‌های شرق و غرب را، همچون عقابی با دو بال، دریابم و تا آنجا که شهامت دارم به پرواز درآیم.

این دو فرهنگ چون دو نیمکرهٔ ذهن من هستند، مرا یاری می‌دهند تا زندگی را از منظری نوین درک کنم، نه در تضاد، بلکه در تکمیل همدیگر. چه بخت و اقبالی بالاتر از این که زیر چتر هر دو فرهنگ بزرگ شده‌ام. سپاس‌گزارم برای این موهبت دوگانه.

این کتاب را به استاد و راهنمایم، جان میلار، تقدیم می‌کنم، شخصیتی واقعی و اصیل که در طول سال‌ها، جایگاهی بین پدر و دوست در زندگی‌ام یافت. او مانند یک استاد ذن، با صراحت و راستی خود، راهنمایی‌های حکیمانه‌ای ارائه داد. روح بلند او شاد وآرام باد. همچنین، این اثر را به یاد و نام آبراهام آنکتیل دوپرون، دانشمند زبان‌شناسی فرانسوی اختصاص می‌دهم که گات‌ها، آوازهای بلند زرتشت، را به تحریر درآورد و بدین‌سان، درکی روشن از حکمت زرتشت به ما هدیه کرد.

مقدمه

من کیستم؟

زندگی‌ای که به دقت مورد پرسش وبررسی قرار نگیرد، ارزش زیستن ندارد.
سقراط

در تلاش‌های مداوم ما برای دستیابی به اشیاء مادی چون مبلمان، خانه، ماشین، یا کامپیوتر، همواره پیش از خرید، کیفیت کلی، نوع، مدل و قیمت‌های آن‌ها را جستجو و بررسی می‌کنیم. اما در پیچ و خم زندگی روزمره، کلمه‌ای که بیشتر از همه به کار می‌بریم «من» است، بدون آنکه لحظه‌ای تأمل کنیم که این «من» در اصل کیست. چرا این همه وقت و انرژی صرف فهمیدن دنیای اطرافمان می‌کنیم، اما نهایتاً خودمان را به خوبی نمی‌شناسیم؟ تعجب آور است. سال‌ها در بدنی زندگی می‌کنیم، اما به ندرت از خود می‌پرسیم در درون این بدن چه کسی سکونت دارد. چه تعدادی از ما واقعاً زمانی از زندگی شلوغمان می‌کاهیم تا به کشف خود بپردازیم؟ چقدر اغلب در زندگی‌مان کمی مکث می‌کنیم و از خود می‌پرسیم که چرا اینجا هستیم و پس از رفتنمان چه سرنوشتی در انتظارمان است؟

آیا تا به حال لحظه‌ای را صرف کرده‌ایم تا جویای این شویم که آیا هستی ما فراتر از این بدن فیزیکی است که در آن سکونت داریم یا نه؟ آیا موجودیت ما منحصر به این جسم است؟ می‌دانیم که بدن‌هایمان در گذر زمان دائماً دچار تغییر می‌شوند. بدن کودکی ما، از بدن دوران نوجوانی یا کهنسالی‌مان بسیار متفاوت است. علم نشان داده است که هر هفت سال یک بار، تمام سلول‌های ما کاملاً تجدید می‌شوند. بنابراین، بدن فعلی ما دیگر همان بدنی نیست که با آن به دنیا آمده‌ایم. با این همه تغییرات جسمانی، بخشی از ما همچنان دست نخورده واصیل باقی می‌ماند. این بخش دست نخورده چیست؟

به ندرت پشت پردهٔ عملکردهای جسمی‌مان را جستجو می‌کنیم. آیا گردش خون یا هضم غذا را خودمان انجام می‌دهیم؟ آیا واقعاً این خودمان هستیم که قلبمان را به ضربان درمی‌آوریم، نفس می‌کشیم، و یا زخم‌هایمان را درمان می‌کنیم؟ آیا هیچ از خود پرسیده‌ایم که چه کسی هر شب ما را به خواب می‌برد و هر صبح بیدارمان می‌کند؟ چه کسی در پی کشف این سوالات است؟ آیا فقط ذهن است که به دنبال پرسش است، یا چیزی عمیق‌تر در وجود هر یک از ما نهفته است که خواهان شناخته شدن است؟ پس در نهایت، چه کسی پشت همهٔ این پرسش‌ها قرار دارد؟

چه میزان از وقت خود را به کاوش در باطن خویش اختصاص می‌دهیم تا خود واقعی‌مان را فراتر از شغل، جنسیت، ملیت و نام‌مان بشناسیم؟ ما در پاسخ به پرسش «خود واقعی ما کیست؟» به برچسب‌ها ونقش‌هایی چنگ می‌زنیم. خود را در قالبی تنگ و محدود توصیف می‌کنیم، مانند کوروش، پدر، مرد، ایرانی، دندانپزشک، میانسال. اما آیا پیش از آنکه نامی بر ما نهاده شود، وجود نداشتیم؟ آیا با تغییر شغل، سرگرمی‌ها، نقش‌ها و روابطمان دیگر وجود نخواهیم داشت؟

هرچند تعاریف متعددی از هویت‌مان وجود دارد که ظاهراً دوام آن را تضمین می‌کنند، آیا این تعاریف واقعاً وجود حقیقی و من اصلی هستند؟ ممکن است شغل‌مان را از دست بدهیم یا بازنشسته شویم، ولی باز هم وجود خواهیم داشت. ما پیش از آنکه پدر و یا مادر شویم، وجود داشته‌ایم، پس هویت ما صرفاً والد بودن نیست. هویت ما پیوسته در حال تحول است. ممکن است گاهی مهربان و دلسوز باشیم و گاهی عصبانی و بی‌اعتنا بشویم. یک فرد بسیار مهربان و آرام نیز ممکن است گاهی با رفتاری کاملاً غیرمنتظره دیگران را شگفت‌زده کند.

انسان‌ها پیچیده‌ترین موجودات در عرصهٔ حیات هستند، تنها موجوداتی که قادر به تأمل و درک در رازهای وجودی خویش‌اند. در واقع، همین توانایی پرسشگری دربارهٔ معنای حقیقی هستی‌مان است که ما را انسان می‌سازد. اما، غالباً ما به قدری درگیر کارها و دغدغه‌های دنیوی می‌شویم که فرصتی برای اندیشیدن به ذات خویش پیدا نمی‌کنیم، تا آنجا که به نقطه‌ای در زندگی می‌رسیم که همهٔ لذت‌ها، جاه‌طلبی‌ها و تلاش‌هایمان شروع به فرسودنِ ما می‌کنند و ما را به جستجوی معنایی عمیق‌تر برای وجودمان فرا می‌خوانند.

در درون ما تمنایی گهربار وجود دارد که اغلب به شکل بی‌حوصلگی تجلی می‌یابد. این بی‌حوصلگی و بی تفاوتی به صورت احساس نارضایتی، فقدان و کمبود ظاهر می‌شود. واقعیتی اساسی وجود دارد که ممکن است از آن غفلت ورزیم: ما تنها به دنیا می‌آییم و تنها از دنیا می‌رویم. ما محور تمام تغییراتی هستیم که در اطرافمان رخ می‌دهد، چه در زندگی روزمره و چه در طی عمرمان. گاهی اوقات ما سعی می‌کنیم این احساس ناخوشایند را با فرار از خود و پوچی‌ای که حس می‌کنیم را با وقت گذرانی در تماشای تلویزیون یا پر کردن خلأ درونی‌مان از طریق روابط جنسی، مواد مخدر، یا الکل کاهش دهیم. با این حال، به نظر می‌رسد هیچ‌یک از این کارها نمی‌تواند آن خلأ دردناک درون‌مان را به طور کامل پر کند.

این گرسنگی درونی با گپ‌های دوستانه یا دنبال کردن هدف‌های بیرونی قابل تسکین نیست، بلکه تنها با آموختن نحوهٔ نشستن در سکوت اتاقی خلوت می‌توان آن را تسکین داد. ریشهٔ این خلأ درونی این است که اگرچه ما با بسیاری از افراد یا چیزها در ارتباطیم، اما با خویشتن خود رابطه‌ای نداریم. در درون ما غریبه‌ای زندگی می‌کند که نام آن «من» است. ما اغلب روزهایمان را با فعالیت‌هایی پر می‌کنیم که برخی ناشی از تعهدات خانوادگی و شغلی‌مان هستند و برخی دیگر تنها برای حواس‌پرتی از خودمان ایجاد شده‌اند. ما در بحبوحهٔ زندگی روزمره‌مان خود را گم می‌کنیم. ضرب‌المثلی هست که می‌گوید: «می‌توانی از دیگران فرار کنی و خود را قایم کنی، اما نمی‌توانی از خودت پنهان شوی. هر جا برویم، خودمان را هم خواهیم برد.»

با گذشت زمان، لذت‌ها، دردها و تلاش‌هایمان ممکن است رنگ ببازند و معنای خود را از دست بدهند. ما به دنبال فهم عمیق‌تری از وجود خود هستیم. این پرسش قدرتمند، آرزویی شعله‌ور برای به یاد آوردن رازی فراموش شده و کشف منبع این آرزوی ژرف را برمی‌انگیزد. تشنگی‌ای ظهور می‌کند که دیگر نمی‌توان آن را نادیده گرفت و با لذت‌ها یا سرگرمی‌های دنیوی قابل ارضا نیست. این تشنگی برای «شناخت خود» و بازیابی خویشتن در سطحی عمیق‌تر است. روزی، به برای عیادت یکی از مراجعانم که مدتی با او روان‌درمانی کار می‌کردم به بیمارستان رفتم. تنها چند روز از عمرش باقی مانده بود. او گفت: «همهٔ سرمایه‌گذاری‌هایی که برای ایجاد تغییرات اجتماعی، رابطه‌ای و سیاسی در شرایط بیرونی‌ام کردم، اکنون بی‌معنی‌اند. من با بخشی از خودم روبرو هستم که تا به حال هرگز آن را جستجو نکرده‌ام. غریبه‌ای درون من است که مجبورم با او روبرو شوم و دیگر نمی‌توانم از او بگریزم.»

روانشناسی غربی بیشترین تمرکز خود را بر درک شخصیت انسان قرار داده است، که این خود نتیجهٔ فرهنگ و محیط پیرامون ماست. این رشته تا حد زیادی می‌تواند ما را به درون عمق روان انسانی ببرد، اما در دستیابی به عمق حقیقی وجودمان، آنچنان که عرفای شرق دست یافتند، ناتوان مانده است. هرچند که روانشناسی و روانپزشکی غربی دانش ما را دربارهٔ ذهن، رفتارها، احساسات و سیستم عصبی پیش برده‌اند، اما از پیمودن مسیری فراتر از هویت‌های رایج بیولوژیکی و اجتماعی ما غافل مانده‌اند. عمدهٔ تحقیقات روانشناسی مدرن به کاوش در جنبه‌های سطحی وجود ما محدود شده است و نتوانسته است ما را به ورای قواعد و فرم‌های اجتماعی هدایت کند. بیشتر درک ما از انسان‌ها متمرکز بر اختلالات «غیرطبیعی» است تا تحقیق در مورد معنای یک انسان سالم.

روانشناسی غربی در پی عادی‌سازی و بازگرداندن افراد به حالت عادی است. اما ما انسان‌ها برای فقط عادی بودن و زیستن بی‌هدف خلق نشده‌ایم. هر چیزی در جهان به طور کامل و هماهنگ، در سطح ناخودآگاه کار می‌کند و الگوهای معینی را دنبال می‌کند، مانند اسبی که متولد شده و به عنوان اسب می‌میرد یا گل رزی که دورهٔ زندگی مشابهی را طی می‌کند. در مقابل، ما انسان‌ها ناتمام به دنیا می‌آییم و هدف ما تکامل و کمال‌یابی است. ما در اینجا هستیم تا ذات هستی و جهانی ماورای آنچه که می‌بینیم را در درون خود کشف کنیم، به توانایی‌های بی‌کران خود دست یابیم و از موجودیت موقت‌مان به سوی ابدیت فراتر رویم. سفر ما شامل گذار از بی‌آگاهی به آگاهی کامل است و در این مسیر، خود واقعی‌مان را باید بیدار کنیم.

هنگامی که واژهٔ «من» را بر زبان می‌رانیم، در کدام گوشهٔ وجود به جستجوی خود می‌پردازیم؟ این «من» کجا نهفته است؟ آیا در پیکر، قلب، احساسات، ذهن، شغل، چهره، قومیت، یا جنسیتمان قرار دارد؟ فراتر از نام‌ها، قومیت‌ها، دین‌ها، نقش‌ها، و فرهنگمان، بخشی از ما وجود دارد که از مرزهای زمینی بالاتر است؛ بخشی که دائماً در پس‌زمینهٔ زندگی ما حضور دارد و به عنوان شاهدی بر وجود ما می‌نگرد. این بخش، که نیازمند به یادآوری و رشد برای رسیدن به صفات «خداگونه» است، در درون ما خفته است. شناخت و آگاهی از این جزء «الهی» می‌تواند ما را به کشف درونی برتری هدایت کند تا جستجوی بیرونی. این دریافت و شناسایی به «بیداری» شهرت دارد.

در این کتاب، من شما را به سفری در کشف خود دعوت می‌کنم که مبتنی بر آموزه‌ها و حکمت‌های باستانی زرتشت است. آموزه‌های زرتشت در طول تاریخ، بر فرهنگ‌ها و باورهای مختلف در سراسر جهان به شیوه‌های گوناگون تأثیر گذاشته است. زرتشت، که حدود پنج هزار سال پیش در پارس (ایران) زندگی می‌کرد، ما را به این چالش دعوت کرد که خود را نه به عنوان آنچه هستیم، بلکه به عنوان آنچه می‌توانیم بشویم، بنگریم. هدف او از بشریت این بود که فراتر برویم و به انسانهای برتر و آگاه تبدیل شویم، انسانهایی ایزدی که در درون ما پنهان شده‌اند.

ما همچون نردبانی هستیم که باید پله‌های وجود خود را طی کنیم تا به گنجینهٔ آگاهی کامل برسیم. در آن نقطه، دیگر صرفاً انسان نیستیم بلکه به خدا، اهورامزدا ـ آگاهی مطلق، حکمت علیا ـ نزدیک‌تر می‌شویم. زرتشت آرزو داشت زمینی را ببیند که با وجود انسان‌های آگاه شکفته است. او ما را برانگیخت تا به افرادی ممتاز بدل شویم، نه فقط افرادی بهبود یافته. دغدغه‌اش فراتر از بهبود بشریت یا دگرگونی ساختار جامعه بود. جستجو برای کسب شخصیت بهتر، فناوری پیشرفته‌تر یا دارایی‌های مجلل به خودی خود ما را صاحب خرد یا مهربانی یا عشق نمی‌سازد. این دستاوردها به طور خودکار ما را به

موجوداتی آگاه تبدیل نمی‌کنند. بی‌توجه به ثروتمندی یا احاطه شدگی‌مان توسط اموال مادی، زرتشت ما را به سمت نوعی بشریت هدایت می‌کند که در آگاهی و خرد و حکمت ریشه دارد.

زرتشت همچون باغبانی بود؛ دانه‌های حکمتش را در خاک وجود ما کاشت. او توانایی‌های فراتر رفتن از خودمان را در ما دید. مقرر نیست ما مانند کرم‌ها بر زمین خزیده و در خاک بمانیم؛ ما می‌بایست خود را فراتر برده و همچون پروانه‌ها به بلندای بی‌پایان پرواز کنیم. تعلیم او دینی است برای تحول و تعالی، نه تنها برای بقا و بی‌هدف زیستن. در نظر او، دین نه به معنای آیین‌های روزمره و اطاعت از اوامر است و نه به معنای عبادت در معابد یا جستجوی چیزی بیرون از خویشتن.

زرتشت قصد ایجاد دینی سازمان‌یافته را نداشت. آموزه‌های او بر پایهٔ طبیعت و صداقت است؛ زندگی‌ای صادقانه و لحظه‌ای در تمامی دم‌های زندگی‌مان. او دستورالعملی برای پیروی کلمه به کلمه به ما نمی‌دهد. شیوه‌اش همچون پرواز غازی است که به سوی جنوب می‌رود بدون آنکه ردپایی بر جای گذارد. دین، برای او، به معنای زیستن از عمق وجودمان است، وفادار بودن به خویشتن حقیقی‌مان، ودرفعالیت‌های روزانه وطول عمرمان به یاد داشتن پندار نیک، گفتار نیک، وکردار نیک.

زرتشت با دیدگاهی عمیق به زندگی می‌پرداخت. او بنیان‌گذار دین زرتشتی بود و همچنین مَزدَیَسنا به معنای رهروانی که در جستجوی حکمت هستند. او به عنوان یک رهبر معنوی و فیلسوف، اصولی را برای زندگی ارائه کرد که هنوز هم در فرهنگ و اندیشهٔ ایرانیان و دیگر ملت‌ها تأثیرگذار است. پس از درگذشت زرتشت، ایده‌های او در دو مسیر اصلی ادامه یافتند: دین زرتشتی و عرفان زرتشتی یا مَزدَیَسنا. این دو مسیر اصلی در دوره‌های بعد به تدریج تکامل یافتند و تأثیرات گسترده‌ای روی فکر و فلسفه‌های بشر داشتند.

دین زرتشتی **(Zoroastrianism):** این مسیر ادامهٔ دینی زرتشت بود که پیروان آن به اصول و آیین‌های مذهبی زرتشت پایبند بودند. این شامل اعتقاد به خدای یگانه (اهورامزدا)، مفهوم جنگ بین خیر وشر (اهورا مزدا وانگره مینیو)، اخلاقیات و جشن‌ها و مراسم مذهبی مرتبط با آیین‌های زرتشتی بود.

عرفان زرتشتی یا مَزدَیَسنا **(Mazdakism):** اصول عرفان زرتشت، که به عنوان مَزدَیَسنا نیز شناخته می‌شود، پس از درگذشت زرتشت به عنوان یکی از مسیرهای تفکر و فلسفه ادامه یافت. این اصول نه تنها تأثیر گسترده‌ای بر فیلسوفان یونانی مانند فیثاغورس، ارسطو، و افلاطون گذاشت، بلکه

بر عرفان یهودیت (کابالا)، بخشی از عرفان بودایی و صوفیانی مانند سهروردی نیز تأثیر مهمی گذاشت.

عبارت "فیلاسوفی" (philosophy) از معنی "عشق به حکمت" از "مَزدَیَسنا" گرفته شده است. این عبارت به دوران یونان باستان بازمی‌گردد و اصطلاح "فیلسوف" به افرادی اطلاق می‌شود که به دنبال دانش، حقیقت، و حکمت می‌گردند. اصطلاح "مَزدَیَسنا" که از زبان زرتشت گرفته شده است، به معنای "پیروان حکمت" یا "معشوقان حکمت" است. این اصطلاح بیشتر به افرادی اشاره دارد که به دنبال یافتن حقیقت‌ها، درک عمیق‌تر از واقعیت‌ها، و توسعهٔ ذهنی و روحی هستند.

به طور کلی، عبارت "فیلاسوفی" و "مَزدَیَسنا" از دیدگاه‌های مختلفی به معنی جستجوی حقیقت و حکمت است و هر دو این اصطلاحات به مفهومی گسترده‌تر از تنها دانش‌افزایی و دستیابی به دانش‌های خاص اشاره دارند، و به معنای یافتن معنا و زندگی توأم با آگاهی عمیق‌تر و ترکیبی از دانش، اخلاق، و فهم است.

در مفهوم عرفان زرتشت، که به عنوان مَزدَیَسنا شناخته می‌شود، بر اصولی تأکید شده است که به جستجوی کار درونی و تحقق انسانی می‌پردازند. این اصول از سنت‌های شفاهی دیرپا به وجود آمده‌اند و از دوران زرتشت به نسل‌های بعد منتقل شده‌اند. اصحاب دلبسته به حلقهٔ درونی زرتشت، مانند مغان، این آموزه‌ها را از زرتشت آموختند و سپس آن را به دیگران منتقل کردند. در این مفهوم، زرتشت با صراحت خداوند را یگانه و منبع هوش و حکمت الهی اعلام کرده است. وقتی ما با این خزانهٔ مقدس درونی پیوند می‌خوریم و آن را پرورش می‌دهیم، به دنبال دستیابی به «مزداییت» از طریق خودآگاهی و خودپالایی هستیم که از آن به عنوان هورواتات یا کمال و تحقق یاد می‌شود.

سفر روحانی ما، ریشه در آموزه‌های عرفانی دارد و مسیری است که در آن از سطحی از خودِ کمتر آگاه به سوی خودی بالاتر و با آگاهی عمیق‌تر گام برمی‌داریم. زرتشت به دنبال گسترش آگاهی انسان‌ها بود تا آن‌ها بتوانند بر اساس درک و حکمت خود، انتخاب‌هایی آگاهانه داشته باشند.

مغها، که شاگردان نزدیک زرتشت محسوب می‌شوند، این آموزه‌ها را مستقیماً از او آموختند و در طول قرن‌ها به دیگران منتقل کردند. آنها نه تنها از آموزه‌های زرتشت استفاده کردند بلکه آنها را برای توسعهٔ فرهنگ و اندیشهٔ خود و دیگران به کار بردند. این نشان می‌دهد که آموزه‌های مزدیسنا به میزان قابل توجهی بر جامعه‌ها و فرهنگ‌های مختلف تأثیر داشته است و همچنان نقش مهمی در زندگی انسان‌ها

ایفا می‌کند. لازم به تذکر است که در این کتاب، اصول و فلسفهٔ زرتشت از دیدگاه عرفانی مزدیسنا بررسی خواهد شد، نه اصول مذهبی آن که دین زرتشتی است.

واژه‌نامه

آرمیتی: عشق، صلح

اسپنتا مینیو: حکمت مقدس، ذهن نیک، روحیهٔ پیشرو، روح‌القدس به انگلیسی

اسپنتا: مقدس، پاک، پیشرو

اسپیتما: زرتشت، همچنین به معنای «پاک»

آشا / آرتا: هماهنگی، تعادل، هنر به انگلیسی، هماهنگی

آمیشا سپنتا: بخشندهٔ جاودان؛ هفت صفت اهورامزدا

انگره مینیو: روح یا ذهن پلید، اهریمن، شیطان

اهریمن: اندیشه / روح / انرژی / خشم شرور

اهورا: مذکر، آگاهی، نور

اهورامزدا: حکمت برین، جوهره، آگاهی برتر، خدا (هم به مذکر و هم به مؤنث)

خرداد: کمال، تمامیت، یکپارچگی، تکمیل

شهریور: اراده، نظم و کنترل درونی

فروهر: خود واقعی، روح واقعی، جوهر ما، "من"، فرشته، فرشتهٔ نگهبان، ارواح مقدس

گات‌ها: سرودها، سرودهای برین، سروده شده توسط زرتشت حدود پنج هزار سال پیش

مرداد: جاودانه، بی‌مرگ، نامیرا

مزدا: مؤنث، حکمت، زندگی

مغان: پیروان تعلیمات حکمت زرتشت، جویندهٔ حکمت، مغان به فارسی

مینیو: ذهن به انگلیسی، روح، انرژی، روش فکر کردن

فصل اول

خودت را بشناس

شناخت دیگران حکمت است، شناخت خود فرزانگی است.

لائوتسه

حکمای کهن و اساطیر خردمندانه‌مان بر این تأکید دارند که: «خویشتن را بشناس.» اما بسیاری از ما به ندرت زمانی را کنار می‌گذاریم تا با خویشتن واقعی‌مان رودررو شویم. در هیاهوی بنا نهادن زندگی‌های حرفه‌ای، جمع‌آوری اطلاعات، یا سفر در اندیشه‌های دوردست‌ها، زمان اندکی برای خودشناسی باقی می‌ماند. اغلب ما به کشف دیگران بیشتر علاقه‌مندیم تا کشف غریبه‌ای که در عمق وجود خودمان نهفته است. ما خود را به صورت یک «من» واحد و متحد می‌بینیم، در حالی که با کاوش درونی، چندین «من» پراکنده را کشف می‌کنیم که با هر موقعیتی دگرگون می‌شوند. هویت ما دائماً در حال تغییر است، تحت تأثیر روابط، نقش‌ها، احساسات، اندیشه‌ها، و تصویری که از خودمان ساخته‌ایم.

مرگ، چون آینه‌ای است که ما را ناچار می‌سازد به خود واقعی‌مان نگاه کنیم. در آن لحظه، هیچ پناهگاهی برای فرار از واقعیت درونی‌مان باقی نمی‌ماند. اگر در طول زندگی به خودکاوی نپرداخته باشیم، در مواجهه با آینهٔ مرگ، با غریبه‌ای درونی روبرو شده و پرسشی سنگین بر لب‌هایمان نقش می‌بندد: «من کی هستم؟» شاید دریابیم که عمری را در پی تعقیب اهداف و کسب و کارهای بی‌ثمر سپری کرده‌ایم، بی‌آنکه شناخت خودمان را در صدر اولویت‌هایمان قرار دهیم. و ممکن است در لحظهٔ رخت بر بستن از دنیا، دریابیم که تمام هویت‌هایی که دست‌وپا کرده بودیم، توهمی بیش نبوده‌اند؛ همچون اسباب‌بازی‌هایی کودکانه که هیچ‌گاه واقعیت نداشته‌اند.

در پی آنیم تا بدانیم در زندگی به دنبال چه هستیم، اما چگونه آرزوهای خویش را دریابیم زمانی که نمی‌دانیم که کی هستیم؟ این همچون خرید کفش از فروشگاه است بدون آنکه از سایز پای خود آگاه باشیم؛ نخست باید اندازهٔ خود را بشناسیم. از دوران کودکی به ما گفته می‌شود که کی هستیم: پسری به نام جمشید، قد بلند، باهوش و مؤدب. نقل است که در روز نخست مدرسه، هنگامی که معلم از دانش‌آموزان خواست تا خود را معرفی کنند، نوبت به نصرالدین رسید. معلم پرسید: «نام تو چیست؟»

نصرالدین پاسخ داد: «نصرالدین.» معلم پرسید: «نصرالدینِ کی؟» جواب داد: «نصرالدین نکن.» آیا ما نیز همچون نصرالدین نیستیم، که زیر بار «باید»ها و «نباید»ها خم شده‌ایم، این کار را بکن و این کار را نکن؟

از دوران کودکی، احساس جدایی از دیگران و محیط اطرافمان را تجربه می‌کنیم. این جدایی، هویت کاذبی در ما می‌سازد: من در مقابل دیگران. به تدریج، تصورات نادرستی از خود جمع‌آوری می‌کنیم که بر اساس این جدایی و چگونگی درک دیگران از ما شکل گرفته است. هویت ما با گذشت زمان شکل می‌گیرد و ما خود را بیش از پیش با شخصیت‌مان همانند می‌سازیم، و در نتیجه از جوهرهٔ واقعی‌مان دور می‌شویم.

در درون هر یک از ما دو بخش اساسی نهفته است: شخصیت، که چگونگی تفکر و نگرش ما به خودمان را نشان می‌دهد، و جوهره، که حقیقت وجودی ماست. زندگی ما بدون آگاهی از این جوهرهٔ اصیل می‌گذرد. ما گویی به دو قسمت تقسیم شده‌ایم: من هستم. «من» و «هستیمان»؛ «من»، منیت و تصویری است که از خود داریم و «هستیمان»، جوهره و بخشی اصیل است که ما را به وجود و زندگی خود پیوند می‌زند. ما غالباً خود را با «من» همانند می‌کنیم و اگر تنها به این تصویر خود بسنده کنیم، هرگز به شناخت عمیق‌تر وجود درونی‌مان دست نخواهیم یافت.

برای عمق بخشیدن به کاوش در مفهوم «شناخت خود»، لازم است که ابتدا تفاوت میان شخصیت (منیت) و خودِ اصیل (جوهره و هستیمان) را مورد تأمل قرار دهیم. شخصیت‌های ما اگرچه تحت تأثیر عوامل ژنتیکی و شرایط فرهنگی و اجتماعی پرورده شده‌اند، ولی هستی دیگری در درون ما نهفته است که فراتر از هر تعریف و اجزای زمینی است. این بخش از خودمان را ما فقط می‌توانیم با چشمان باطنی و تجربیات درونی بشناسیم. این راه، مسیر خودنگری و آگاهی است.

شخصیت در مقابل جوهره

تو از من پرسیدی چگونه دیوانه شدم. اینچنین روی داد:

در روزگاری دور، پیش از آنکه بسیاری از خدایان به دنیا آیند، از خواب عمیقی برخاستم و متوجه شدم که تمامی نقاب‌هایم دزدیده شده‌اند ــ هفت نقاب که در طول هفت زندگی ساخته و به چهره زده بودم. بدون نقاب در خیابان‌های شلوغ دویدم و فریاد زدم: «دزدها، دزدها، دزدهای لعنتی.»

مردم به من خندیدند وبرخی از ترس من به خانه‌های خود پناه بردند.

وقتی به بازار رسیدم، جوانی بر فراز بامی ایستاد وفریاد زد: «او دیوانه است.» من سر بلند کردم واو را دیدم؛ خورشید برای نخستین بار به صورت برهنه‌ام تابید. در آن لحظه، روحم تحت تأثیر عشق به خورشید شعله‌ور شد ودیگر هیچ نیازی به نقاب‌هایم احساس نکردم. گویی در حالتی مانند خلسه فریاد زدم: «زنده باد دزدانی که نقاب‌هایم را دزدیدند.»

اینگونه بود که من به دیوانگی پیوستم.

ودر این دیوانگی، هم آزادی یافتم وهم امنیت؛ آزادی در تنهایی وامنیت در عدم فهمیده شدن، زیرا کسانی که ما را درک می‌کنند، بخشی از ما را به بردگی می‌کشند.

خلیل جبران

هرچند که در روان‌شناسی نظریه‌های مختلفی دربارهٔ انواع شخصیت انسانی وجود دارد، اما برای فهم بهتر، ابتدا باید معنای دقیق واژهٔ شخصیت (personality) را درک کنیم. این واژه ریشه در تئاترهای یونان باستان دارد، جایی که بازیگران برای ایفای نقش‌های خود ماسکی به چهره می‌زدند. آن‌ها به این ماسک‌ها «پرسونا» می‌گفتند، و شخصیتی که از طریق این ماسک‌ها خلق می‌شد، نمایندهٔ آن چیزی بود که آنها نبودند. در واقع، شخصیت به معنای آن چیزی است که ما نیستیم و چهرهٔ واقعی ما پشت این ماسک نهفته است.

پرسونای ما، یا همان شخصیت ما، ماسکی است که برای نمایش دادن خودمان در اجتماع به چهره می‌زنیم. همانند بازیگران یونانی که چهره‌های واقعی‌شان تحت پوشش ماسک‌ها بود، خود واقعی ما نیز توسط شخصیت‌مان پوشیده می‌شود. این شبیه ابری است که خورشید را می‌پوشاند؛ شخصیت، محدود و موجد توهم جدایی ما از محیط پیرامونمان است و تصویر غلطی از هویت واقعی ما ارائه می‌دهد. شخصیت مانند یک سکهٔ تقلبی است؛ به ظاهر واقعی به نظر می‌رسد اما فاقد ارزش حقیقی است.

همانطور که هویت‌های ما شکل می‌گیرند، ما به تدریج از خود حقیقی‌مان دور می‌شویم. این شرایط مشابه بازیگران تئاترهای یونان باستان است که ممکن است زیر ماسک‌های خود، چهره‌های اصلی‌شان را فراموش کنند. آنها ممکن است به تدریج خود را بیشتر با ماسک‌ها و نقش‌هایی که روی صحنه ایفا می‌کنند، تطبیق دهند تا با کسانی که واقعاً هستند. کسی که نقش پادشاه را روی صحنه بازی می‌کند، ممکن است حتی پس از ترک تئاتر نیز در زندگی واقعی خود مانند پادشاه رفتار کند. در واقع، ما

همگی شبیه بازیگرانی هستیم که در تلاشیم تا خود را در نقشی در صحنهٔ زندگی جای دهیم و با یافتن سناریوی مناسب، زندگی خود را به اجرا درآوریم.

هرچند محیط و فرهنگ نقشی کلیدی در پرورش شخصیت‌های ما ایفا می‌کنند، اما نمی‌توان نقش الگوهای ژنتیکی که از بدو تولد در ما نهادینه شده‌اند را نادیده گرفت. محیط ما را به شیوه‌های گوناگونی شکل می‌دهد که از یکدیگر متفاوت است. والدین به خوبی می‌دانند که هر کودکی با تمایلات و شخصیت منحصر به فرد خود متولد می‌شود. هر کودک با مزاج ژنتیکی خاصی به دنیا می‌آید که بر نحوهٔ برخورد و تعامل او با جهان تأثیر می‌گذارد. اکثر روان‌شناسان بر این باورند که هم مزاج (طبیعت) و هم محیط (پرورش) در شکل‌گیری شخصیت افراد نقش دارند.

مروارید درون صدف

برای آنکه به جوهر و خود واقعی‌مان دست یابیم، باید لباس‌های شخصیت را کنار بگذاریم. در تعالیم ذن، این حالت به معنای کشف چهرهٔ اصلی‌مان است. گفته شده است که مسیح توصیه کرده بود که باید دوباره به کودکی بازگردیم. لباس‌های شخصیت باید کنار گذاشته شوند، نه تنها لباس‌های بیرونی، بلکه لباس‌های درونی نیز – در ذهن‌هایمان و در نحوهٔ درک ما از خودمان. زمانی که با جوهرهٔ خود ارتباط برقرار می‌کنیم، احساس یگانگی و کمال می‌کنیم. در حقیقت، ما همه یکی هستیم؛ اما در شخصیت، متعدد و پراکنده‌ایم. اگر آب را در ظروفی با شکل‌های مختلف بریزیم، رنگ بزنیم و سپس منجمد کنیم، قطعات یخ به شکل‌ها و رنگ‌های مختلف درمی‌آیند، اما همه از یک منبع واحد یعنی آب برخوردارند.

زمانی که درک کنیم ماسک‌ها – شخصیت‌های ما – فقط هویت‌های اجتماعی هستند، می‌توانیم هر زمان که بخواهیم آن‌ها را کنار بزنیم و به صورت برهنه به وجود و جوهرهٔ خود بازگردیم. باید جدایی درونی میان جوهره و شخصیت‌مان وجود داشته باشد. این جدایی درونی به ما کمک می‌کند تا شخصیت‌مان را از دید جوهره – چشم‌های درونی – ببینیم. با خالی کردن خود از شخصیت، جوهره شروع به ظهور می‌کند. این گونه است که گویی باغی از گل‌های رز داریم، اما علف‌های هرز مانع از دیدن گل‌های رز می‌شوند. ابتدا باید با نگاه خود، گل‌های رز را از علف‌های هرز جدا کنیم. سپس، با برداشتن و پاکسازی باغ از علف‌های هرز، گل‌های رز به خوبی نمایان می‌شوند. شخصیت مانند علف‌های هرزی است که جوهرهٔ ما را در باغ وجودمان احاطه کرده است. شخصیت مانند ابر تیره‌ای است که خورشید

را می‌پوشاند. خورشید همواره در آنجاست تا به ما زندگی، نور و گرما واقعی ببخشد، اما ابرها موانعی بر سر راه خورشید هستند.

جدا کردن خود از شخصیت به معنای رسیدن به صداقت است، چرا که شخصیت ساختگی، مصنوعی و بی‌بنیاد است. ما با آن به دنیا نیامده‌ایم؛ بلکه پس از تولد از بیرون به ما تحمیل شده است. اما جوهرهٔ ما، آنچه را که از فراسوی این دنیا به همراه آورده‌ایم، در بر دارد. جوهره فاقد خودخواهی است و در تضاد با شخصیت، فاقد حسِ «من» است؛ بلکه صرفاً «هستی» خالص است. این جوهره حامل حکمت وجودی است و دانه‌های وجود برتر ما را در خود می‌پروراند. شناخت جوهره به معنای شناختِ بخشِ جاودانهٔ وجود ماست. بدن، ذهن، احساسات و تمامی هویت‌هایمان روزی پایان می‌یابند، اما بخشی در ماست که نه آغازی دارد و نه پایانی. جوهرهٔ ما ابدی است.

برای درک این مفهوم، نیازی به شواهد بیرونی یا داده‌های علمی نیست. این یک دریافت درونی و تجربهٔ شخصی است. این برقراری ارتباط با بخشی از خودمان است که هوشیار، ناظر و شاهد آن چیزی است که در درون و بیرون ما روی می‌دهد. هرچه بیشتر به جوهرهٔ خود نزدیک شویم، سطح آگاهی و هوشیاری متفاوتی ظهور می‌یابد که از شخصیت و هویت ما جداست. جوهرهٔ ما زمینی نیست، بلکه خدایی و ایزدی است.

تا زمانی که به شخصیت خود پایبندیم، جوهره را سرکوب کرده و در حقیقت زندگی نمی‌کنیم. بخش واقعی ما در تاریکی می‌ماند، همچون خورشیدی که با ابرها پوشانده شده است. ما در آنچه فکر می‌کنیم هستیم، گیر کرده‌ایم. از دیدن خود به عنوان آنچه واقعاً هستیم امتناع می‌ورزیم. الگوها و رفتارهای ما به خوبی قابل پیش‌بینی هستند و تغییر نمی‌کنند. گمان می‌کنیم که موجوداتی غیرقابل پیش‌بینی هستیم، اما این طور نیست. آنچه امروز هستیم، نتیجهٔ دیروزمان است. رفتار فردا بر پایهٔ آنچه دیروز و امروز بوده‌ایم، شکل می‌گیرد. ضرب‌المثلی هست که می‌گوید: «دیوانگی یعنی انجام کاری تکراری با این توقع که نتیجه‌ای غیرتکراری به بار آورد.»

گاهی اوقات، ممکن است با دور انداختن یک ماسک و گذاشتن ماسکی دیگر، کمی تغییر کنیم و خود را به عنوان بازیگر دیگری جا بزنیم. در ماسک زدن، حس امنیت و اطمینان وجود دارد زیرا با آن ما به رسمیت شناخته‌شده، پذیرفته‌شده، مورد احترام و پیش‌بینی‌پذیریم. در حقیقت، هیچ کس جز خودمان نمی‌تواند بگوید که ما چه کسی هستیم. همانطور که کسی جز شما نمی‌تواند بداند شما تشنه یا گرسنه هستید. هیچ‌کس جز خودتان در درون شما زندگی نمی‌کند. آیا متوجه شده‌اید که فرقی نمی‌کند که با چه

کسی یا کجا هستید، به هر حال هیچ چیز را بیرون از خود تجربه نمی‌کنید؟ شما همیشه در درون هستید، بی‌توجه به زمان، مکان یا همراهانتان. ما همواره درون جعبه‌ای به نام بدن خود هستیم. پس چگونه ممکن است کسی شما را بیشتر از آنچه خودتان از خود می‌دانید، بشناسد، زمانی که شما درونِ آگاه و هوشیار هستید؟

چهار منبع هویت

وقتی به درون خود نگاه می‌کنیم، چهار منبع هویتی را می‌یابیم چنانکه گویی در خانه‌ای چهار طبقه زندگی می‌کنیم: بدن، احساسات، ذهن، جوهره (خود واقعی).

۱. بدن: اغلب تصور می‌کنیم ما همان چیزی هستیم که در آینه می‌بینیم. چون در بدن خود زندگی می‌کنیم، گمان می‌بریم که ما بدنمان هستیم. به زیبایی، شکل، و سلامتی بدنمان می‌بالیم و خود را با این ویژگی‌ها می‌شناسیم. حس هویتمان از ظاهر، مدل مو، آرایش، و اندامِمان نشأت می‌گیرد. اما اگر عمیق‌تر بیندیشیم، درمی‌یابیم که اطلاع چندانی از بدن خود نداریم و تنها از طریق بازتاب آینه یا تصویری از خود به آن پی می‌بریم. نگرش ما به بدنمان بسیار بیرونی است و به ندرت از درون به آن می‌نگریم.

همان‌طور که پیشتر گفته شد، تمامی سلول‌های بدن ما اکنون با آن‌ها که هفت سال پیش بودند، متفاوت‌اند. ما پیر می‌شویم و بدنمان در طول عمر دگرگون می‌شود. گاهی به دلیل بیماری یا حادثه بخشی از اندام‌هایمان را از دست می‌دهیم یا کارکردشان دچار اختلال می‌شود. ما هیچ‌گاه نمی‌گوییم که ما خانه‌هایمان هستیم فقط به این دلیل که در آن‌ها زندگی می‌کنیم. ما می‌دانیم که علی‌رغم خانه‌های متفاوتی که در آن‌ها زندگی می‌کنیم، کی هستیم. آیا تا به حال پرسیده‌ایم که واقعاً کیست که درون بدن‌مان زندگی می‌کند؟ روزی به دنیا آمده‌ایم و روزی خواهیم مرد. آیا وجود ما تنها لحظه‌ای مثل ستارهٔ دنباله‌دار است و با مرگ بدن، کاملاً از جهان محو می‌شویم؟ یا آیا بخشی در ما وجود دارد که فراتر از هر شکل، قالب یا ماده است؟

بدن می‌میرد، اما زندگی هرگز نمی‌میرد. زندگی همچون انرژی است؛ نه آفریده می‌شود و نه نابود. تنها از یک شکل به شکل دیگر تغییر می‌کند. مانند موجی در اقیانوس است؛ موج‌ها می‌آیند و می‌روند،

اما اقیانوس همواره باقی است. اقیانوس به خاطر ناپدید شدن یک موج نمی‌میرد. زندگی پیش از بدن وجود داشته و پس از آن نیز ادامه خواهد یافت.

۲. احساسات: ممکن است بسیاری از ما خود را با احساساتمان تعریف کنیم. فرض کنید که در کنترل خشم ناتوانیم؛ در این صورت ممکن است خودمان را فردی خشمگین بدانیم. اگر اغلب احساس غم کنیم، خود را فردی افسرده یا غمگین می‌پنداریم. اگر واجد حس مهربانی باشیم، احتمالاً خود را مهربان می‌دانیم. اما اگر روزی کلامی نامهربان بزنیم، آیا هنوز هم مهربانیم؟ یا اینکه خود را نامهربان یا حتی «بد» می‌بینیم؟

یکی از معضلات بزرگ در حوزهٔ سلامت روان، برچسب‌های تشخیصی است. ممکن است تشخیص داده شود که: «شما افسرده هستید.» «شما مضطرب هستید.» آیا واقعاً این‌ها صحت دارد؟ تشخیص گاهی مانند خالکوبی بر جسم فرد حک می‌شود. وقتی کسی آنفولانزا دارد، آیا می‌گوییم «تو آنفلوانزا هستی» یا می‌گوییم «تو آنفلوانزا گرفته‌ای»؟ همچنین برای عفونت ریه، آیا می‌گوییم «تو عفونتی» یا می‌گوییم «تو مبتلا به عفونت شده‌ای»؟ به همین ترتیب، باید درک کنیم که افسردگی، خشم، و یا اضطراب را «گرفته‌ایم» نه اینکه «آن هستیم».

با تغییر و تحول افکار، ایده‌ها و احساساتمان در پاسخ به شرایط و خلق و خوی مختلف، حس هویت ما ممکن است ناپایدار شود. ممکن است در دل ناپایداری‌های احساسی خود به دنبال حسی از امنیت و دوام بگردیم. اغلب به دلیل حس ثباتی که احساسات به ما می‌بخشند، به آنها دل‌بسته می‌شویم و بسیاری از ما به راحتی به زندگی آشنای خود چسبیده‌ایم، حتی اگر دردآور باشد. گرفتاری‌های احساسی ما به پیش‌بینی‌هایی می‌انجامد که خود به خود تحقق می‌یابند. احساساتی چون غم، خشم، رنج و شادمانی، تدریجاً به هویت ما بدل می‌شوند. نکتهٔ جالب در روان‌درمانی این است که گاهی افراد برای رهایی از ناراحتی‌های خود مراجعه می‌کنند، اما به دلیل تبدیل شدن وضعیت فعلی‌شان به بخشی از هویت‌شان، در برابر تغییر مقاومت می‌کنند. آنها نمی‌دانند بدون ناراحتی‌هایشان کی خواهند بود.

۳. ذهن: قلمروی نامرئی

رنه دکارت با جملهٔ «من می‌اندیشم، پس هستم»، بنیادی‌ترین وجه وجود انسانی را مورد تأکید قرار داد: ذهن. تا چه حد افکارمان در هویت ما نقش دارند؟ ما گاهی چنان با افکار خود عجین می‌شویم که تصور وجود بدون آن‌ها دشوار می‌نماید. ذهن، که از عملکردهای ذهنی مغز ما نشأت می‌گیرد، پلی است بین جهان درونی و بیرونی ما.

مغز، این عضو قابل مشاهده، اطلاعات را از پنج حس اصلی ــ بینایی، شنوایی، چشایی، بویایی، لامسه ــ جمع‌آوری می‌کند. اما ذهن، بدون شکل و غیرملموس، کارکردی فراتر دارد؛ این توانایی ذهن است که دانش را کسب کرده، درک می‌کند و اطلاعات را از طریق افکار، خاطرات، تجربیات، و ادراکات حسی پردازش می‌کند.

در هنگام مشاهدهٔ یک گل زیبا، چه اتفاقی می‌افتد؟ گل قابل رؤیت است، اما زیبایی، این خصیصهٔ بی‌شکل، جدایی‌ناپذیر از آن است و البته قابل دیدن نیست. فقط آن را باید حس کرد. ذهن هم مثل زیبایی قابل دیدن نیست. آن را باید حس کرد. این نمونه‌ای است از چگونگی تعامل ذهن با جهان؛ مغز اطلاعات را برداشت می‌کند، اما ذهن آن‌ها را ارزیابی می‌کند.

عملکرد اصلی ذهن، تقسیم‌بندی و دسته‌بندی تجربیات است. ذهن به ما کمک می‌کند تا پدیده‌ها را در قالب‌ها و برچسب‌ها قرار دهیم، از این رو ارتباط و تعامل ما با جهان را تسهیل می‌کند. زبان، این ابزار عظیم ذهنی، ما را قادر می‌سازد تا تفکرات خود را بیان داشته و درک متقابل برقرار کنیم. همچنین، ذهن به ما امکان می‌دهد تا به شیوه‌ای دقیق‌تر پدیده‌ها را بررسی کنیم.

به عنوان مثال، زمانی که در مورد سعدی صحبت می‌کنیم، ذهن به ما کمک می‌کند تا او را به خوبی از حافظ متمایز کنیم. از طریق این عملکرد، می‌دانیم گل رز یک گل است، نه پرنده یا سنگ. ذهن ما نه تنها به ما کمک می‌کند تا منطقی فکر کنیم و خاطره داشته باشیم، بلکه به یافتن اتومبیل خود در پارکینگ و رانندگی به سمت خانه نیز کمک می‌کند.

گرچه ذهن همانند سایر اعضای بدن به ما خدمت می‌کند، اما محدودیت‌های خود را هم دارد. چشمان ما برای دیدن آفریده شده‌اند، نه شنیدن؛ و پاها برای راه رفتن، نه دیدن. ذهن، جهان اطرافمان را به

صورت مجموعه‌ای از مفاهیم و دسته‌بندی‌ها می‌بیند. برای رسیدن به مقصد، نقشه لازم است، اما نقشه خود سرزمین نیست.

وظیفهٔ ذهن، شناخت از طریق برچسب‌ها و نام‌ها است، اما این امر ما را از تجربهٔ مستقیم حقیقت دور می‌کند. وقتی ذهن شروع به تحلیل یک شخص می‌کند، به سرعت او را در چهارچوبی محدود می‌کند، و این مانع از شناخت کامل او می‌شود. همچنین، وقتی ذهن چیزی را از طریق زبان درک می‌کند ـ مانند دیدن یک گل رز ـ به جای تجربهٔ مستقیم، بر روی واژهٔ «رز» تمرکز می‌کند و این تمرکز، حواس‌پرتی ایجاد کرده و مانع از درک واقعیت می‌شود.

چون ذهن تجربهٔ مستقیمی از وجود واقعی ما ندارد، تصویری مفهومی از خودمان می‌سازد. بدین ترتیب، حسی جدا از آنچه واقعاً هستیم پرورش می‌یابد. ذهن با آنچه می‌داند عمل می‌کند و هویتی بر پایهٔ اطلاعاتی چون جنسیت، طبقهٔ اجتماعی، سن، نام، شغل یا ملیت می‌سازد. خود بزرگ‌بینی، تصویر غلط ذهن از خود واقعی است، مانند یک مترسک که شکل ولباس انسان را دارد اما بی‌روح است. خودبزرگ‌بینی ما، تصوری اشتباه از خودمان است که ذهن می‌سازد. خودبزرگ‌بینی، به معنای خودخواهی نیست؛ بلکه به تصویری که فرد از خود دارد، إطلاق می‌شود. خودبزرگ‌بینی، باور غلط ماست نسبت به آنچه فکر می‌کنیم که هستیم.

در شب‌هایی که به نور ماه خیره می‌شویم، به نظر می‌رسد که ماه خود نورافشانی می‌کند. اما حقیقت این است که، هر چند خورشید در شب پنهان است، نور ماه چیزی جز نور خورشید نیست. در این میان، مغز ما همچون ماه است و ذهنمان همچون نور آن. بی‌نور وجودمان، ذهن هیچ معنایی ندارد. اغلب تصور می‌کنیم چون زنده‌ایم، فکر می‌کنیم، اما این تصور غلط است. حتی مراقبه‌کنندگانی که ذهن خویش را رها می‌کنند، همچنان برقرارند. ذهن، چون جادوگری ماهر، می‌تواند واقعیتی ساختگی از رؤیا بیافریند.

طبیعت ذهن، تفکیک و تعبیر است. ذهنی که سکوت کند، وجود ندارد؛ زیرا ذهن و سکوت نمی‌توانند همراه و همزمان باشند، همان‌طور که نور و تاریکی نیز نمی‌توانند. تنها زمانی حضور کامل خود را تجربه می‌کنیم که ذهن سکوت کند. همچنان که با کاهش نور، اتاق تاریک‌تر می‌شود، ذهن نیز مانع درک وجود اصلی ما می‌شود.

تجربهٔ خود واقعی‌مان تنها زمانی امکان‌پذیر است که ذهن به کلی ناپدید شود. این توهم زندگی، اندک آرامشی به ما می‌بخشد، همچون کودکی که به عروسک خرسی خود چسبیده است. وقتی خودبزرگ‌بینی را کنار می‌گذاریم، با فضایی عظیم روبرو می‌شویم که قابل تعریف با هیچ مفهومی نیست. خودبزرگ‌بینی، همچون پستانکی، در نبود مادر، ما را آرام می‌سازد.

۴. ماهیت: ذهن در تلاش است تا شخصیتی دائمی و خودی ساختگی بیافریند، اما این خودی واقعی نیست. خودِ واقعی فاقد هرگونه برچسب یا تعریفی است و به راستی وجود اصیل ماست. تنها زمانی به دنبال ماهیت خویش می‌گردیم که شخصیت و خود ذهنیمان را کنار گذاشته و به هیچ‌کس تبدیل شویم. تا زمانی که خود را با دیگران مقایسه می‌کنیم، از تجربهٔ ماهیت محرومیم. در این خلأ و هیچی‌ای که شخصیت ما در آن فرو می‌رود، ماهیت ما رشد می‌کند.

روزگاری، تاجری ثروتمند سه پسر جوان داشت. او می‌خواست بداند که کدام یک از پسرانش پس از وی قادر به ادارهٔ کسب و کار خواهد بود. به آن‌ها یک هفته فرصت داد تا بیشترین ثروتی را که می‌توانند جمع‌آوری کنند، و به او ارائه دهند. پسر بزرگتر که در کشاورزی فعالیت می‌کرد، محصولات و برخی زمین‌های خود را فروخت. پسر میانی که چوپان بود، برخی از حیواناتش را فروخت. اما پسر کوچکتر که نه شغل داشت ونه ثروت، در پایان هفته با پولی بیش از برادرانش بازگشت.

همگان از پسر کوچکتر پرسیدند چگونه به چنین ثروتی دست یافته است. او گفت که مرد ثروتمندی بیشتر دارایی خود را به او بخشیده، بدون اینکه بداند چرا. برادران بزرگتر به نزد آن مرد رفتند و از او پرسیدند چرا بیشتر ثروت خود را به برادر کوچکترشان داده است. مرد ثروتمند پاسخ داد که پزشک به او گفته است بیماری کشنده‌ای دارد و تنها چند ماه دیگر زنده است. پزشک در پاسخ به اینکه درمان او چیست؟ گفته بود: «هیچ چیز».

وقتی که از مطب پزشک خارج شد، قول داد اگر درمانی برای بیماری‌اش پیدا کند، بخش بزرگی از دارایی‌اش را وقف کند. آنگاه در بازار به قدم زدن پرداخت و دید که برادر کوچکترشان یک میز در بازار گذاشته است. روی میز، کیسه‌ای قرار داشت که روی آن نوشته شده بود: «هیچ چیز برای فروش». مرد ثروتمند گفت که از یافتن درمان بیماری‌اش بسیار خوشحال شده بود، چرا که پزشک به او گفته بود درمان او «هیچ چیز» است.

ما باید به جایی برسیم که دیگر چیزی در ما باقی نمانده باشد تا به عنوان «من» ارائه کنیم. تنها در آن «هیچ» است که می‌توانیم درمانی بیابیم تا با خود واقعی‌مان ارتباط برقرار کنیم. ماهیت ما مانند آینه‌ای است که بی‌آنکه با چهره‌های متعددی که در برابر خود می‌بیند گره خورده باشد، آنها را منعکس می‌کند. اگر فردی شاد در مقابل آینه قرار گیرد، آینه شاد نمی‌شود، بلکه تنها چیزی را که در مقابل خود می‌بیند منعکس می‌کند و به محض دور شدن شخص، تصویر محو می‌شود. به همین ترتیب، ماهیت یا جوهره‌مان نمی‌تواند آسیب ببیند، غمگین یا شاد شود؛ زیرا هر چه را که در مقابلش قرار دارد منعکس می‌کند بدون اینکه با هیچ ظاهر فیزیکی، احساس یا فکری هویت پیدا کند.

شخصیت قابل توصیف است، اما ماهیت نه قابل توصیف است و نه توضیح‌پذیر. این طبیعت ما است که با آن به دنیا آمده‌ایم، مانند عناصر هیدروژن و اکسیژن در آب. این مانند توضیح دادن رنگ سبز است؛ هیچ راهی برای اندازه‌گیری سبز بر اساس بو، ارتفاع، وزن یا صدا وجود ندارد. آیا می‌توانید رنگ سبز را به فردی که نابینا است توضیح دهید؟ نه؛ باید آن را دید و تجربه کرد.

فراتر از خودِ عادی، خودِ والاتری منتظر تولد است. با این حال، باید به سطح بالاتری از وجود دست یابیم و در را به روی تجربه خودِ واقعی و هستی اعلا ـ اهورامزدا ـ باز کنیم. زرتشت در را گشود و خود را فراتر از خودِ معمولی‌اش تجربه کرد. در آن فضای وجودش، او ماهیت اعلا، ماهیت همهٔ ماهیت‌ها را تجربه کرد وما را دعوت کرد تا به آن سطح از تجربه‌اش برسیم.[1]

او وجود واقعی خود را مانند خورشیدی یافت که در وجودش می‌درخشید. خود او بخشی از بدنش نبود و نه شرطی ضروری برای شناسایی خودش. وجود و آگاهی او مانند رودی بود که با اقیانوس ـ آگاهی اعلا، اهورامزدا ـ ادغام شده بود.

---

[1] گاتها - یسنا ۳۱ بند ۳ و یسنا ۴۵ بند ۸

فروهر ـ ذات ما

شکل ۱: نماد فروهر – خود اصیل ما

در درون ما بخشی از اهورامزدا وجود دارد به نام فروهر، که جوهر واقعی‌مان است. فروهر روحی است که پیش از زندگی کنونی ما وجود داشته و پس از مرگ نیز باقی می‌ماند. فروهر به عنوان منِ ایزدی و مقدس شناخته می‌شود، خودی که پیش از آفرینش جهان بوده و می‌توان آن را به شکل انسانی با دو بال تجسم کرد. در مزداییسم، فروهر دارای نمادینگی قابل توجهی است و نمایانگر خودِ واقعی ما، خودِ راستین ما، و حتی ارتباط با خودِ الهی است.

اغلب ما نسبت به خودِ واقعی‌مان (فروهر) آگاهی نداریم یا با آن ارتباط برقرار نکرده‌ایم. با جوهر خود به دنیا می‌آییم، اما این جوهر همچون دانه‌ای پنهان است تا زمانی که آن را پرورش دهیم و بار آوریم. مسیر زندگی معنوی به شخصیت وابسته نیست، زیرا شخصیت بیشتر در جامعه عمل می‌کند. همانطور که دانهٔ سیب فقط با کاشتن در خاک، آبیاری و مراقبت به درخت سیب تبدیل می‌شود، رشد دانه و تبدیل شدنش به درخت، نیاز به تلاش و توجه دارد. نهایتاً، زمانی که درخت به بلوغ می‌رسد، میوه می‌دهد ـ سیب. این فرآیند رشد تنها زمانی رخ می‌دهد که دانه را پرورش دهیم. به همین ترتیب، باید دانهٔ فروهر را در آگاهی خود پرورش دهیم و به طور مداوم از طریق پندار و گفتار و کردار خود به پرورش و مراقبت از آن بپردازیم تا به حالتی شبیه به مزدا تکامل یابد.

خودِ واقعی ما همچون دیمرِ تنظیم نور است که از یک نقطهٔ تاریک و پایین شروع می‌شود و با افزایش تدریجی روشنایی، جهان درونی ما کاملاً روشن می‌شود. با در آغوش گرفتن خودِ اصیل‌مان، آگاهی ما گسترش می‌یابد و ما را برای پذیرش عشق و حکمت مزدا حساس‌تر می‌کند. بنابراین، در سفر معنوی خود، مهم‌ترین وظیفهٔ ما این است که به حضور مزدا در درون خود باز و حساس باشیم. تسلیم شدن برای رشد معنوی ضروری است و زرتشت نه بر تسلیم شدن به شخص یا باور خاصی، بلکه بر تسلیم شدن به عشق و آگاهی ایزدی تأکید می‌کند.

نماد فروهر، شخصی با بال‌هایی شبیه به عقاب را نشان می‌دهد که سفر به سوی جوهر نهایی ما را نمایش می‌دهد.

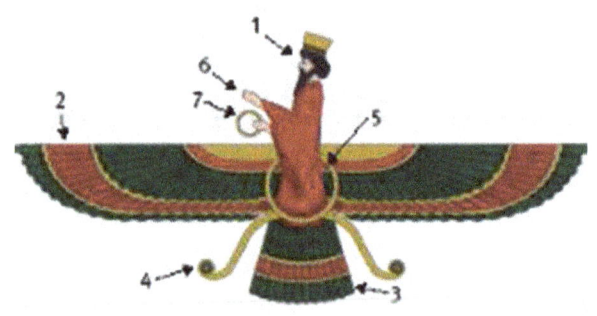

شکل ۲ – معنای فروهر

۱. **حکمت دوران پیری**: تصویری از چهره‌ای پیر که نمادی از حکمتِ کسب‌شده است، نشان‌دهندهٔ فردی است که در جستجوی رشد و آزادی است و جهالت را کنار گذاشته است.

۲. **سه اصل زرتشت**: بال‌های بالایی شامل سه لایه هستند که نمایندهٔ سه اصل زرتشت ـ پندار نیک، گفتار نیک، کردار نیک ـ است.

۳. **سه نیروی مخالف**: بخش پایینی نماد، سه عنصر مجزا را نمایش می‌دهد: پندارهای شر، گفتارهای شر، کردارهای شر. این عناصر با مسیرهای منفی همراه هستند که به بدبختی و ناخوشی منتهی می‌شوند.

۴. **نیروهای مثبت و منفی**: حلقه‌های در هر دو طرف فروهر نیروهای مثبت (حکمت مقدس - اسپنتا مینیو) و نیروهای منفی (نیروی شرور - اهریمن، شیطان، انگره مینیو) را نشان می‌دهند. حلقهٔ مثبت که به سمت جلو است، پیشرفت به سوی نیکی را نمایان می‌کند، در حالی که حلقهٔ منفی در پشت، نشان‌دهندهٔ روی‌گردانی از شرارت است.

۵. **روح جاودان، جهان ابدی**: دایرهٔ مرکزی دور تنهٔ فروهر، جاودانگی روح و بازتابی از ابدیت بدون آغاز و پایان را نشان می‌دهد.

۶. **انتخاب مسیر درست**: یکی از دست‌های پیر به سمت بالا اشاره دارد، که نشان‌دهندهٔ تلاش انسانی لازم برای رشد و تحقق توانایی‌های بالقوهٔ فردی است.

۷. **مسیر وفاداری و صداقت**: حلقه نماد پیمان برای وفاداری و صداقت در راه نیکی و حکمت است، بسیار شبیه به عهد ازدواج.

فصل دوم

نیروهای انگیزشی

در فصل پیشین، به طور اجمالی به بررسی چهار لایهٔ هویت خود پرداختیم. اما سؤالی که مطرح می‌شود این است: چه عواملی ما را در زندگی بر اساس حس‌های متفاوت به حرکت وادار می‌کنند؟ چگونه در زندگی خود تصمیم‌گیری می‌کنیم؟ و چه انگیزه‌هایی پشت این تصمیمات قرار دارد؟

زرتشت از دو نیروی متضاد سخن می‌گوید که در جهان و آگاهی انسانی فعالیت می‌کنند. نیروی اول، اسپنتا مینیو، یا ذهن نیکو (حکمت مقدس) است که می‌کوشد ما را به سوی آگاهی و حکمت بالاتر بکشاند و نیرویی برای پیشرفت است. نیروی دیگر، انگره مینیو یا ذهن پلید (اهریمن)، می‌خواهد ما را به سمت جهل وتخریب و بی‌آگاهی بکشاند و نمایندهٔ رکود و فریب است.[2] گرچه زرتشت از این دو نیرو در ذهن انسان سخن می‌گوید، این دو نیرو به هم پیوسته‌اند و در نبرد کیهانی یا چارچوب دوگانه‌ای قرار ندارند.

ما انسان‌ها از طریق تجربیات خود از این دو نیرو رشد می‌کنیم و یاد می‌گیریم، نیروهایی که انتخاب‌های متفاوتی را پیش روی ما قرار می‌دهند. ما تنها زمانی می‌توانیم خوبی را درک کنیم که بدی را تجربه کرده باشیم. عشق را نمی‌توان شناخت مگر آنکه نفرت را شناخته باشیم. این‌ها در جایگاهی مکمل یکدیگر قرار دارند، نه در تضاد. مانند دو روی یک سکه که نمی‌توان فقط یک روی آن را نابود کرد بدون اینکه با روی دیگر کاری داشته باشیم. هر دو همزمان وجود دارند. این همان چیزی است که زرتشت می‌گوید: هر چیزی دوگانگی‌های خود را دارد که به آن‌ها روح‌های دوگانه می‌گویند.

همه چیز در جهان به صورت جفت آفریده شده است و زندگی بر روی زمین بر پایهٔ ارتباط بین این روح‌های دوگانه و انتخاب‌هایی که می‌کنیم بنا نهاده شده است. برخی از انتخاب‌هایی که می‌کنیم به ما رضایت و کمال می‌بخشند، در حالی که برخی دیگر باعث درد و رنج می‌شوند. آیا باید سرِ کار بروم یا در خانه بمانم؟ آیا باید ورزش کنم یا فقط روی کاناپه بنشینم و تلویزیون تماشا کنم؟ آیا می‌خواهم ازدواج کنم یا مجرد بمانم؟ آیا باید زیر تأثیر مواد مخدر رانندگی کنم یا تاکسی بگیرم؟ آیا باید بحث

---

[2] گاتها - یسنا ۳۰ بند ۳

جاری‌ام با همسرم را ادامه دهم یا آن را رها کنم؟ وجود ما به عنوان انسان از بدو تولد به صورتی طراحی شده است که مدام باید تصمیم‌گیری کنیم.[3]

با این حال، بسیاری از تصمیماتی که می‌گیریم به صورت ناخودآگاه و واکنشی هستند و بر دو نیروی بنیادین استوارند: نیروی جذب و نیروی دفع. ما به سوی چیزهایی کشیده می‌شویم که به آنها علاقه‌مندیم و از چیزهایی که از آنها می‌ترسیم یا آنها را دوست نداریم، دوری می‌کنیم. انتخاب‌های ما آگاهانه نیستند، بلکه بیشتر به صورت مکانیکی و واکنشی صورت می‌گیرند. ما به دلیل لذت و پاداش‌هایی که دریافت می‌کنیم، تعاملات و سرمایه‌گذاری‌های خود را افزایش می‌دهیم و برعکس، برای اجتناب از درد و رنج، فعالیت‌ها و علایق خود را کم می‌کنیم.

انگیزه‌های ما بر اساس دریافت بیشترین پاداش‌ها و کاهش مجازات یا درد شکل می‌گیرند. هدف نهایی ما این است که در حالتی از شادی و خوشبختی نامحدود قرار گیریم، خواه از نظر جسمانی، خواه از لحاظ احساسی، روانشناختی، مالی، ارتباطی یا معنوی. به ما گفته شده است که باید زندگی خود را در جستجوی خوشبختی ابدی، چه در بهشت و چه در مسیر روشن‌بینی، بگذرانیم و از فعالیت‌هایی که ممکن است به رنج و عذاب در جهنم، یا کارمای بد یا مجازات ابدی منجر شوند، اجتناب کنیم. جذب و دفع، منابع اصلی عشق و ترس در بسیاری از ما هستند. همزمان، ما بر اساس نتایج و پیامدهای انتخاب‌های خود واکنش نشان می‌دهیم. زمانی که از آنچه می‌خواهیم رضایت نمی‌یابیم، عصبانی می‌شویم و خودمان را از موقعیت‌هایی که موجب ترس ما می‌شوند، دور می‌کنیم. اضطراب نیز نتیجهٔ نگرانی و ترس بیش از حد از پدیده‌ای است که ممکن است مانع از مشارکت ما در زندگی شود. نیروهای انگیزشی پشتِ جذب‌های ما، در نیازها و خواسته‌ها و عشق و ارادهٔ ما ریشه دوانیده‌اند.

نیازها، خواسته‌ها، اخلاص، و اراده

نیازها: آبراهام مزلو، روان‌شناس برجسته، مفهوم سلسله مراتب نیازها را مطرح کرد که به عنوان محرک اصلی رفتار انسانی شناخته شده است. مزلو نیازهای انسانی را در قالب هرمی تنظیم کرد که از نیازهای بنیادین مانند غذا و آب آغاز شده و به نیازهای عالی‌تر مانند خودشکوفایی ختم می‌شود.

---

[3] یسنا ۵۳ بند ۲

مزلو تأکید کرد که وقتی نیازهای پایه‌ای ما تأمین می‌شوند، به سمت برآوردن نیازهای سطح بالاتر حرکت می‌کنیم.

با این حال، تحلیل مزلو به‌طور کامل جامع نیست. او نیازها را تنها منبع انگیزش انسانی دانست و از عوامل دیگری چون خواسته‌ها، عشق، اخلاص و اراده غفلت کرد. وقتی در مورد نیازها بحث می‌کنیم، باید درک کنیم که این نیازها در ابتدایی‌ترین سطوح رفتار انسان کاربرد دارند. نیازهای ما برای بقا ضروری هستند وشامل غذا، آب، تولیدمثل، پناهگاه، لباس وامنیت می‌شوند.

وظیفهٔ خودِ فروتر، تأمین بدن از طریق غذا، هوا، آب و محافظت از آن در برابر خطرات است. خودِ فیزیکی می‌بایست نیازهای بدنی دیگر مانند پناهگاه، همسر و حفاظت را نیز تأمین کند. بدون این نیازهای اساسی، بقای ما در خطر است. نیازهای فیزیولوژیکی ما برای حیات و طول عمر ضروری‌اند.

اما این نیازها تنها بخشی از داستان هستند. خودِ والاتر ما خواسته‌هایی دارد که بر پایهٔ آنچه می‌خواهد شکل می‌گیرد، نه تنها بر مبنای آنچه به آن نیاز دارد. نیازها ضروری هستند؛ خواسته‌ها از اهمیت ویژه‌ای برخوردارند. زنده ماندن بدون برآورده شدن نیازها غیرممکن است، اما زندگی ما تنها به نیازها محدود نمی‌شود؛ خواسته‌ها و آرزوهای ما نیز نقش مهمی در کیفیت زندگی‌مان ایفا می‌کنند.

خواسته‌ها (آرزوها): در حوزه‌های عاطفی و فکری خود، نیازی به خواسته‌ها نداریم؛ بلکه بر اساس آنها عمل می‌کنیم. برای مثال، غذا برایم ضروری است، اما احترام گرفتن نیاز من نیست؛ من آرزومند دریافت احترام هستم و آن را می‌خواهم. همچنین، تنفس برایم حیاتی است، اما نیازی به تلویزیون جدید یا حرفهٔ دندان‌پزشکی ندارم؛ اینها شیفتگی‌های من هستند. ما باید بتوانیم میان نیازهایمان و خواسته‌هایمان تمیز قائل شویم؛ نیازها محدود، اما خواسته‌ها بی‌انتها هستند. وقتی به تبلیغات دقت می‌کنیم، می‌بینیم که آنچه به مخاطبان عرضه می‌شود، فقط خواسته‌هایی هستند که نیاز نیستند؛ مانند موبایل جدید که نیاز نداریم، بلکه فقط می‌خواهیم آن را جایگزین مدل قدیمی‌تر کنیم.

زرتشت وقتی دربارهٔ انتخاب‌های ما می‌گوید و دانایی ما را برای انتخاب بهبود می‌بخشد، در واقع به ما دربارهٔ خواسته‌ها و آرزوهایمان هشدار می‌دهد. او نه تنها با نیازها و آرزوهای انسانی مخالف نیست، بلکه ما را به سوی خواسته‌ها و آرزوهای سالم‌تر و سازنده‌تر راهنمایی می‌کند.[4] زرتشت هیچ‌گاه رنج

---

[4] یسنا ۳۱ بند ۱۱

خودخواسته را در مسیر معنوی‌مان تحمیل نکرده است. او باور داشت که ما برای رشد و دانایی معنوی و داشتن زندگی شاد و مملو از خرمی در این دنیا هستیم. هدف زندگی ما آن است که زمین را به بهشتی شبیه سازیم. ما برای رنج بردن به این جهان نیامده‌ایم، بلکه برای خوشحالی و شادمانی آفریده شده‌ایم. از محبت و خیر خلق شده‌ایم، بنابراین باید در زمین زندگی خوب و شادی داشته باشیم.

زرتشت معتقد بود که خوشحالی واقعی (آرامش) زمانی رخ می‌دهد که ما در هماهنگی (آشا) درونی و بیرونی قرار داشته باشیم. او مخالف لذت‌ها نبود، اما در مورد انتخاب‌هایی که بر اساس خواسته‌ها و آرزوهایی شکل گرفته‌اند که می‌توانند ما را به درد و رنج بکشانند، هشدار داد. برخی از خواسته‌ها می‌توانند به ما زندگی شادی ببخشند، مانند خرید کفش‌های راحت برای پیاده‌روی؛ اما برخی دیگر ممکن است زندگی ما را به بدبختی بکشانند، مانند اعتیاد که فرد را به خواسته‌های مداومی که از آن ناشی می‌شود، وابسته می‌کند.

اخلاص: در حالی که برآورده‌سازی نیازهای اساسی و خواسته‌های خاص‌مان ـ چه در حوزهٔ عاطفی و چه فکری ـ حیاتی است، برای رسیدن به خودی والاتر و تعامل با جوهر واقعی‌مان به اخلاص و محبت نیاز داریم. این راه، راه مزدیسنا و تعالیم زرتشت است، که معنای آن عشق و اخلاص به حکمت است. این مسیر، مسیر کارِ درونی است برای کسانی که آمادهٔ رویارویی با خود و کشف دانه‌های حکمت و آگاهی در درونشان هستند، دانشی که ابتدا توسط خود زرتشت و سپس توسط مغانی که از او پیروی کردند، آموزش داده شده است. اینان کسانی هستند که به پیروان حکمت مشهورند.

اگر در دام نیازهای اساسی و خواسته‌های زمینی خود گرفتار شویم، نمی‌توانیم به خود والاتر دست یابیم. زرتشت این نیروی درونی را روح آرمیتی می‌نامد؛ روح و نیرویی بالاتر که ما را برای دستیابی به هدف‌ها و پتانسیل‌های والاترمان در این جهان بیدار می‌کند. به گفتهٔ زرتشت، آرمیتی روح آرامش مقدس، سکوت، اخلاص، تبعیت مقدس و عشق است. این نیرویی است که فراتر از نیازها، خواسته‌ها و آرزوهای ما قرار دارد و به عنوان آرزوی مقدس شناخته می‌شود. اخلاص ما برای شناخت وجود واقعی خود و اتصال با روح روح‌ها، روح عالی یعنی اهورامزدا است.[5]

زرتشت هرگز مردم را به سرکوب، نابودی یا انکار خواسته‌هایشان تشویق نمی‌کرد. در حقیقت، خواسته‌ها به زندگی ما طعم و رنگ می‌بخشند. بدون آن‌ها، زندگی بسیار یکنواخت و ناگوار خواهد

---

[5] یسنا ۳۳ بند ۱۳

بود، همچون خوردن غذایی بی‌ادویه. خوشمزه نیست، صرف نظر از سلامتی غذا. آیا دوست داشتن بستنی در حالی که بر ساحل دراز کشیده‌اید و از آفتاب لذت می‌برید، خوشایند نیست؟ آیا داشتنِ عزیزی در کنارتان و لذت بردن از همراهی یکدیگر شگفت‌انگیز نیست؟ آیا داشتن شغلی که واقعاً از آن لذت می‌برید یا داشتن خانواده و فرزند عالی نیست؟ پس چرا باید خودمان را از خوشی و عشق دور کنیم، خود را در غاری منزوی سازیم یا بر بستری از میخ دراز بکشیم و رنج ببریم؟ آیا در دنیا به اندازهٔ کافی رنج نیست؟ زرتشت با زهد و هرگونه رنج خودخواسته و تحمیلی مخالف بود.

شما به خاطرِ داشتنِ خواسته‌ها و لذت بردن از زندگی‌تان گناهکار نیستید. نباید خود را به دلیل پذیرش کامل وجودتان ملامت کنید. اگر احساس متفاوتی دارید، باید خود را مورد بازبینی قرار دهید. شما برای رنج بردن به این دنیا نیامده‌اید، بلکه برای تجربهٔ شادی و تبدیل شدن به انسانی بهتر آفریده شده‌اید. خواسته‌هایتان را دنبال کنید و از زندگی لذت ببرید، اما از هدف والاترتان غافل نشوید. با شناخت خودتان، فرآیند شناخت اهورامزدا، موجود برتر، آغاز می‌شود. نیازها و خواسته‌های خود را داشته باشید، اما اجازه ندهید که این‌ها شما را بیش از حد درگیر یا منحرف سازند. تمرکز و سرمایه‌گذاری خود را بر روی خودشکوفایی نیز افزایش دهید.

زرتشت خواهان نابودی یا سرکوب خواسته‌های شما نیست؛ بلکه می‌خواهد شما را پالایش کرده و خواسته‌هایتان را به آرزوهایی بلندتر همچون طلب حکمت و عشق تبدیل کنید. خواسته‌ها چون گل‌ها در باغ وجودند؛ اما برخی خواسته‌ها مانند علف‌های هرز و قاصدک‌ها هستند که انرژی وجودِ شما را می‌بلعند و مصرف می‌کنند. او خواسته‌های مخرب برای وجودتان را اهریمن نامیده است. خواسته‌ای که تشنگی و گرسنگی برای کشف واقعیتِ خودتان را به دنبال دارد، آرمیتی ـ روح عشق و اخلاص ـ نام گرفته است.

آرمیتی، یا روح اخلاص، همچون سوخت برای سفینه‌ای فضایی است که به آن کمک می‌کند از جاذبهٔ زمین فراتر رود و به فضای بی‌کران برسد. بدون این نیروی بنیادین، سفینه قادر به ترک زمین نخواهد بود. آرمیتی ما را به عرصهٔ آگاهی خالص می‌برد، جایی که در آن، هستی واقعی خود را کشف می‌کنیم. این بینش نو، مانند چشم‌انداز یک فضانورد است که زمین را از فضا مشاهده می‌کند؛ با بالا رفتن از میدان جاذبهٔ نیازها و خواسته‌ها، شخصیت زمینی خود را از منظری دوردست و گسترده‌تر می‌نگریم.[6]

---

[6] یسنا ۴۳ بند ۶

این مثل این است که یک نفر خیابان را از پنجرهٔ طبقهٔ اول نظاره کند، در حالی که دیگری از طبقهٔ چهارم به همان خیابان می‌نگرد. هر دو در یک زمان، ولی از دیدگاه‌های متفاوت به خیابان نگاه می‌کنند. روح اخلاص و عشق (آرمیتی)، در حکم آسانسور یا پله‌هایی است که ما را به طبقهٔ چهارم می‌رساند. نمی‌توانیم مستقیماً از طبقات دیگر به طبقهٔ چهارم بپریم. برای رسیدن به آن ارتفاع، به آرزویی بلندتر نیاز داریم. اگر در طبقات پایین‌تر راضی هستیم، پس چرا باید خود را به چالش بکشیم؟ رسیدن به آنجا نیازمند تلاش و فداکاری است. چرا باید خود را درگیر این همه زحمت کنیم؟ ما در طبقات فعلی خود احساس امنیت، رضایت و آشنایی داریم؛ پس چه دلیلی برای به خطر انداختن این آرامش وجود دارد؟

آری، ولی با این حال، گاهی اوقات لحظه‌ای فرا می‌رسد که فرد تشنگی و گرسنگی عمیقی را تجربه می‌کند. خواسته‌های سطح پایین به نوشیدن آب شور دریا شبیه می‌شوند؛ نه تنها تشنگی را فرو نمی‌نشانند بلکه هرچه بیشتر می‌نوشی، تشنگی‌ات افزون‌تر می‌شود. این حالت شبیه نابینایی است که برای بار اول در زندگی‌اش رنگین‌کمان را می‌بیند و سپس به شدت مشتاق می‌شود تا دوباره آن را ببیند، به طوری که تمام عمر خود را وقف دیدن دوبارهٔ رنگین‌کمان می‌کند. دیگر هیچ خواسته‌ای نمی‌تواند او را در حالت نابینایی‌اش راضی کند. این تشنگی شدید برای یافتنِ خودِ والاتر و حکمت، نمادی از اخلاص است.

روح آرمیتی در فرد، طبق آموزه‌های زرتشت، بیدار می‌شود. این تشنگی اغلب با یک رویداد یا یک شخص یا یک ایده برانگیخته می‌شود و گاهی اوقات خود به خود و درونی بیدار می‌شود. مانند بیدار شدن به صورت طبیعی در صبح بدون زنگ ساعت؛ به سادگی بیدار می‌شوید. بیدار شده‌اید و هر چقدر هم که تلاش کنید، نمی‌توانید دوباره بخوابید. در نهایت احساس می‌کنید که خواب‌زده شده‌اید. نمی‌توانید دوباره بخوابید. شما با تشنگی و خواسته‌ای درونی بیدار شده‌اید که تا زمان برآورده شدن آن آرام نخواهید گرفت.

این حالت مانند عاشق شدن است؛ عاشق در جستجوی معشوق خود است و هیچ نیاز یا خواسته‌ای جز برآورده شدن عشقش او را راضی نمی‌کند. اگر نیروی عشق و اخلاص برای برقراری ارتباط با خودِ والاتر بیدار نشود، هیچ علاقه‌ای به پیشرفت و رشد وجود ندارد.[7] ما در سطح پایین‌تر خود گیر می‌افتیم

[7] یسنا ۴۳ بند ۱۰

تا فقط نیازها و خواسته‌های خویش را دنبال کنیم. ضرب‌المثلی هست که می‌گوید: «می‌توانی اسب را به کنار آب ببری، اما نمی‌توانی او را مجبور به نوشیدن کنی.»

اراده: نیازها، خواسته‌ها و اخلاص از درون فرد سرچشمه می‌گیرند، اما اراده از سرچشمه‌ای بالاتر نشأت می‌یابد. ما غالباً به اشتباه اراده را با پشتکار، انضباط، انگیزهٔ بالا و طمع یکسان می‌پنداریم. اما اراده، خواست مطلق، حکمت برتر، و روح روح‌هاست. زمانی که سفینه‌ای فضایی پس از رهایی از جاذبهٔ زمین، خود را با مدار زمین هماهنگ می‌کند و دیگر به سوخت نیازی ندارد، اراده، همانند مدار مطلق است. ما دیگر خواسته‌ای نداریم و زندگی‌مان را طبق ارادهٔ حکمت مطلق می‌گذرانیم. اراده به معنای تسلیم شدنِ خود به وجودی برتر است، جایی که دیگر خودخواهی یا شخصیتی باقی نمی‌ماند و ما از خودِ فروتر تهی می‌شویم و به خودِ والاتر می‌پیوندیم.

در سطح اراده، دیگر خواسته یا اخلاصی نداریم، بلکه فقط اراده داریم. داشتن اراده به معنای دربرگرفتن ارادهٔ مطلق است. اجازه دهید ارادهٔ مطلق رقم بخورد، نه ارادهٔ «من». یکی از راه‌های شناخت مطلق، تسلیم شدن در برابر ارادهٔ عالی است، مانند اینکه چمدان‌های خود را روی پله برقی در فرودگاه قرار دهید؛ دیگر نیازی نیست خودتان چمدان را حمل کنید، پله برقی آن را حمل می‌کند. این تلاش شما نیست، بلکه تلاش عالی است، مانند مدار زمین. اراده به معنای رها کردن تلاش‌های خودمان است. بگذار ارادهٔ ایزدی عمل کند، نه ارادهٔ من.

مانند زمانی که بلیت هواپیما رزرو می‌کنید. وسایل خود را جمع می‌کنید و به فرودگاه می‌روید، سوار هواپیما می‌شوید و در صندلی‌تان می‌نشینید. از آن پس، تمام تلاش‌هایتان برای رسیدن به مقصد پایان یافته است. حالا متکی به خلبان هستید و دیگر کاری از دست شما ساخته نیست. همهٔ مسافران خود را برای رسیدن به مقصد به اراده و توانایی خلبان سپرده‌اند. مسافران اکنون منفعلند و در دستان خلبان قرار دارند. وقتی خود را به بالاترین سطح وجودمان تسلیم می‌کنیم، دیگر عامل نیستیم. در دستانِ وجود برتریم. به این اراده قدرت می‌گویند. این ارادهٔ ما، نیازها یا خواسته‌های ما نیست. ما در مدار حکمت مطلق و ایزدی هستیم.

ویژگی‌ها (صفات)

هر موجودیتی در جهان ویژگی‌های خاص خود را دارد که به ما امکان می‌دهد آن‌ها را بشناسیم ودرک کنیم. برای مثال، ویژگی بارز نمک، شوری آن است و شیرینی، خصیصهٔ شکر است. ما هرگز نمک را برای شیرین کردن کیک به کار نمی‌بریم؛ بلکه شکر می‌افزاییم، زیرا ویژگی‌های آن مناسب است. همچنین، برای خنک کردن اتاق، دستگاه ظرفشویی تهیه نمی‌کنیم، بلکه کولر می‌خریم. هر یک بر اساس ویژگی‌های خود عمل می‌کنند. به همین ترتیب، برای شناخت یک فرد، به خصوصیات، ویژگیها و شخصیت او توجه می‌کنیم.

هر چیزی در کائنات دارای ویژگی‌هایی است؛ مثلاً ویژگی آب، تر و مایع بودن آن است. آتش نور و گرما را به همراه دارد، و سنگ مظهر سکون و سختی است. شناخت آتش از طریق تجربهٔ حرارت و نور آن حاصل می‌شود. برای فهمیدن آب، باید آن را نوشید یا در سیالیتش غوطه‌ور شد. و برای درک عشق، باید در آن غرق شد، نه اینکه فقط داستان‌های عاشقانه خواند یا فیلم‌های رمانتیک دید.

ما به افرادی که شخصیتشان را دوست داریم، جذب می‌شویم و از کسانی که دوستشان نداریم، بیزاریم. ما سعی می‌کنیم افرادی را الگو قرار دهیم که تحسینشان می‌کنیم، مانند ستارگان سینما. گاهی اوقات آرزو می‌کنیم مانند آن‌ها باشیم. برای شناخت یک فرد، به دنبال نزدیک شدن به او هستیم تا بهتر بتوانیم او را بررسی کنیم، یا با شناسایی ویژگی‌هایش تعیین می‌کنیم که آیا می‌خواهیم در کنار او باشیم یا نه. زرتشت نیز هفت ویژگی از اهورامزدا را برای کمک به شناخت ما برجسته ساخته است.

جنبه‌ی باطنی تعالیم زرتشت (مزدیسنا)

در مزدیسنا، زرتشت به پیروان خود می‌آموزد که خویشتن را پالایش دهند وبا آوردن ویژگی‌های اهورامزدا در درون خود، بر کار روی وجود خویش تمرکز کنند. با تکامل این ویژگی‌ها، فرد می‌تواند حضوری مطلق را تجربه کند. او این هفت ویژگی اهورامزدا را آمیشا سپنتا نامیده که به معنای مقدس و بخشندهٔ جاودانه است. تنها زمانی می‌توانیم جوهر و هستی واقعی خود را پیدا کنیم که این ویژگی‌ها را درون خود تجربه کرده باشیم. از آن پس، تجربهٔ جوهر ما بر اساس این خصوصیات، تفاوتی با جوهر عالی نخواهد داشت. برای دیدن خورشید، لازم است خود را در معرض نور خورشید قرار دهیم.

این هفت ویژگی، روشنایی حکمت ایزدی در جهان و وجود ما هستند، شبیه به هفت رنگ رنگین‌کمان. نور خورشید یکسان است، اما تجلی آن به شکل‌های متفاوتی است.

اگرچه بیدار شدن و آگاهی از این تشنگی و اخلاص والاتر در مسیر خودشناسی حیاتی است، با این حال فرد همچنین به راهنمایی، آموزش‌ها یا توضیحاتی دربارهٔ چگونگی دنبال کردن آن نیاز دارد. زرتشت توضیح داده که وجود برتر (اهورامزدا) دارای هفت ویژگی است که باید آن‌ها را بشناسیم. این هفت ویژگی عبارتند از:

۱. آگاهی و حکمت (جوهر اهورامزدا)
۲. ذهنیت پیشرو (اندیشهٔ نیک، ذهن پیشرفته ـ وهومن یا بهمن)
۳. هماهنگی (تعادل، قانون، اصل، آشا، آرتا ـ هنر به انگلیسی)
۴. اراده‌قدرت (شهریور ـ انضباط و کنترل درونی)
۵. آرامش (اخلاص، عشق ـ آرمیتی)
۶. کمال (خرداد ـ کمال، یکپارچگی، سلامتی، رشد)
۷. جاودانگی (مرداد ـ نامیرایی، ابدی)

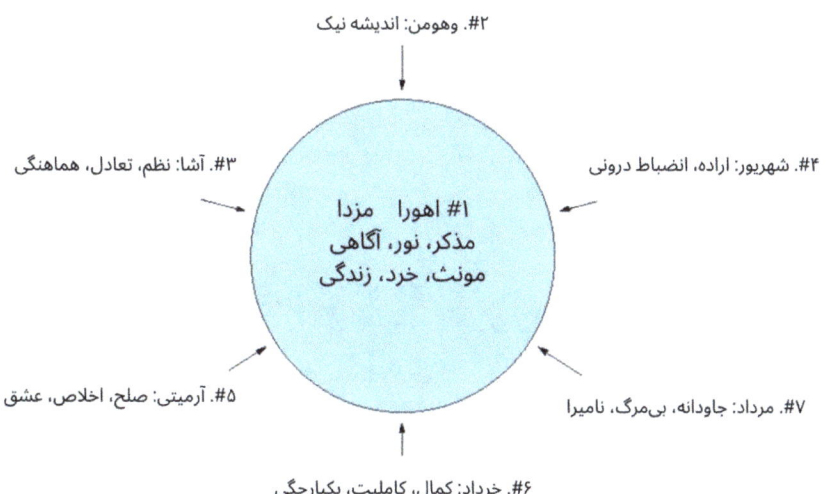

شکل ۳: آمیشا سپنتا - هفت ویژگی اهورامزدا

در تعالیم زرتشت، برابری جنسیتی مشهود است. مردان و زنان به طور یکسان خطاب می‌شوند[8] ـ اهور به مذکر و مزدا به مؤنث اشاره دارد. از شش ویژگی اهورامزدا، سه ویژگی مذکر (وهومن ـ ذهن خوب، آشا ـ تعادل و هماهنگی، و شهریور ـ ارادۀ قدرت) و سه ویژگی مؤنث (آرمیتی ـ آرامش و اخلاص، خرداد ـ کمال و یکپارچگی، و مرداد ـ جاودانگی) هستند.

---

[8] یسنا ۳۰ بند ۲، و یسنا ۴۶ بند ۱۰

فصل سوم

هفت صفت اهورامزدا: آمیشا سپنتا

۱. آگاهی وحکمت (اهورامزدا)

گرچه ویژگی‌های آب شامل رطوبت وروانی است، اما اکسیژن وهیدروژن (H2O)، جوهرهٔ ذاتی آن است. به همین شکل، اهورامزدا ویژگی‌های گوناگونی دارد و آگاهی و حکمت، جوهرهٔ واقعی آن به شمار می‌روند. آگاهی به معنی آگاه بودن و حضور فعال است. زمانی که فردی آگاه است، به طور کامل آگاه و حاضر است. اغلب اوقات، آگاهی ما اتفاقی و زودگذر است. وقتی به خودمان توجه می‌کنیم، متوجه می‌شویم که حضور ذهن نداریم. ما در دام افکار، احساسات یا حس‌های جسمانی خود گرفتاریم. اغلب در حالتی از عدم هماهنگی با آنچه در اطرافمان رخ می‌دهد، به سر می‌بریم. ما تنها زمانی حضور داریم که کار جدیدی مانند یادگیری رانندگی اتومبیل انجام می‌دهیم. به محض اینکه آن را فرا می‌گیریم، به حالت خودکار روی می‌آوریم. شروع به رانندگی می‌کنیم بدون آنکه از آن آگاه باشیم. به همین ترتیب، غذا می‌خوریم بدون اینکه از خوردن آگاه باشیم، راه می‌رویم، صحبت می‌کنیم، دندان‌هایمان را مسواک می‌زنیم. وقتی که خود را هنگام مسواک زدن مشاهده کنید، متوجه خواهید شد که دارید مسواک می‌زنید، اما ذهن‌تان جای دیگری است. شما حضور ندارید.

موقعیت‌هایی نیز وجود دارد که در آنها آگاه می‌شویم، مانند زمانی که اتفاق غیرمنتظره‌ای رخ می‌دهد و ما را به لحظهٔ حال بازمی‌گرداند. وقتی در رستوران هستید و مثلاً ظرفی از دست پیشخدمت به زمین می افتد، همه ناگهان آگاه می‌شوند. خاطرات ما اغلب با زمان‌هایی که در نقاطی از زندگی‌مان حضور داشته‌ایم، مرتبطند. به همین دلیل خاطرات دردناک به راحتی از خاطرات خوش به یاد ماندنی‌تر هستند. در درد، ما بیداریم. چگونه می‌توانید به چیز دیگری فکر کنید وقتی سردرد یا دندان‌درد دارید؟ یا گاهی اوقات می‌آموزیم که خودمان را از خاطرات دردناک، مثل تروما، جدا کنیم. چرا که رویدادهای تروماتیک بسیار دردناکند و ما نمی‌توانیم از آن‌ها فرار کنیم، در نتیجه یاد می‌گیریم حضور نداشته باشیم و خودمان را از آن‌ها جدا کنیم، همچون اختلال استرس پس از تروما (PTSD). سپس، ما غایب شده و خود را از آن حوادث دردناک دور می‌سازیم تا آنها را حس نکنیم و یا به یاد نیاوریم، حتی اگر تروما دیگر رخ ندهد.

زمانی که زرتشت می‌گوید جوهر اهورامزدا آگاهی است، این بدان معناست که کاملاً و به طور مطلق حاضر و آگاه است. هیچ غیبتی در کار نیست و هیچ حالت خودکار یا جدایی‌ای وجود ندارد. موجودیت برتر، خودِ آگاهی است. اهور نمایانگر آگاهی است و با انرژی مذکر و نور ارتباط دارد. وقتی نور حضور دارد، ما قادر به دیدن هستیم؛ نور همه چیز را در معرض آگاهی ما قرار می‌دهد، و نور و آگاهی همه چیز را به حیات می‌آورند.

جوهر دیگر یزدان، مزدا است که به معنای حکمت است و با انرژی مؤنث و روح در ارتباط است و به شکل آب نمادین شده است. اهورامزدا منبع و جوهر تمام موجودات و حکمت است. وقتی به جهان هستی و وجود خود نگاه می‌کنیم، می‌بینیم که همه چیز بر پایۀ حکمت بنا شده است. نیازی به دور شدن برای یافتن چنین حکمتی نیست. می‌توانیم به نحوۀ عملکرد بدن خود، نحوۀ هضم غذا یا گردش خون نگاه کنیم. زمین با دقت دور خورشید می‌چرخد، نه به طور تصادفی.

برخلاف تصوری که از خدا به عنوان یک مرد وجود دارد، اهورامزدا نه تنها مذکر نیست بلکه نه مذکر است و نه مؤنث؛ همزمان هر دو و هیچکدام است. آنها به یکدیگر وابسته‌اند. انرژی مذکر باید روی آگاهی خود، پایداری و ثبات و نقش خود به عنوان یک ظرف کار کند. انرژی مؤنث نیاز به کار بر روی رشد، حکمت و زندگی دارد. هر دو نیرو در هر انسانی وجود دارد. این مفهوم پس از زرتشت در تانترا (شیوا و شاکتی) و در تائوئیسم (یین و یانگ) بیشتر توسعه یافته است. حکمت (مزدا) به آگاهی نیاز دارد تا دیده شود و آگاهی (اهور) به حکمت نیاز دارد تا بر آن بتابد. آگاهی به چیزی نیاز دارد که از آن آگاه باشد. اهور از حکمت خود (مزدا) آگاه است. اهور بیننده است و مزدا دیده شده است. اهورامزدا هم بیننده است و هم دیده شده. این، آگاهی و حکمت مطلق است. همانطور که حضور نور تاریکی را بدون هیچ تضادی می‌زداید، حکمت نیز با حضور خود جهل را شکست می‌دهد. نور و حکمت همیشه بر تاریکی و جهل غلبه می‌کنند.

۲. ذهنیت پیشرو (وهومن یا بهمن ـ اندیشۀ نیک)

زندگی ما مانند رودخانه‌ای است که بی‌وقفه در حال حرکت، رشد وتکامل است. نگاه به زندگی و گذشتۀ ما، چون خوابی به نظر می‌رسد. وجود، مانند چاهی است که آب بی‌پایان از منبعش سرچشمه می‌گیرد. آیا تابه‌حال احساس کرده‌اید که زندگی‌تان متوقف شده است؟ گاهی ممکن است در دام افکار، احساسات یا گذشته‌مان گیر کنیم، اما زندگی ما هیچ‌گاه متوقف نمی‌شود؛ همواره در جریان است. واقعیتی به نام گذشته یا آینده وجود ندارد؛ ما همیشه در لحظه، اینجا و حالا زندگی می‌کنیم. وقتی توجه و تمرکز می‌کنیم، هرگز نمی‌توانیم در گذشته یا آینده زندگی کنیم. حضور در اینجا و اکنون به این معنا نیست که

ما منجمد شده‌ایم؛ بلکه آگاهی ما در حال مشاهده و شهود زندگی دائماً در جریان است. ما متولد شده‌ایم و روزی خواهیم مرد، اما زندگی هرگز متولد نمی‌شود و نمی‌میرد؛ بلکه دائماً جریان دارد، رشد می‌کند و تکامل می‌یابد.

یکی از مهم‌ترین ویژگی‌های اهورامزدا، وهومن (ذهنیت پیشرو و اندیشهٔ نیک) است. هر خلقتی از یک هنرمند با یک اندیشه آغاز می‌شود. از همین رو، اندیشهٔ نیک اولین اصل اخلاقی زرتشت است، پیش از گفتار و کردار. افکار پایه و اساس گفتار و اعمال ما هستند. بنابراین، ما باید همواره از کیفیت و ماهیت افکارمان آگاه باشیم. آیا افکار ما پیشرو، آگاهانه و مبتنی بر حکمت هستند، یا اهریمنی، راکد و ویرانگر؟

زرتشت از نیروی دوگانه‌ای در ذهن انسان سخن می‌گوید. نیروی نخست، اسپنتا مینیو، ذهن نیکو (حکمت مقدس، روح‌القدس در مسیحیت) است که می‌خواهد ما را به آگاهی بالاتر (حکمت) برساند. این نیروی پیشرفت است. نیروی دیگر، انگره مینیو، ذهن شرور (اهریمن، شر) نامیده می‌شود که می‌کوشد ما را به سمت جهل و زندگی ناخودآگاه بکشاند. مینیو به سادگی به معنای ذهن، روح یا فکر است.[9]

اسپنتا، نماد انرژی و ذهن خلاقیت، رشد، دانایی و نیکی است؛ این واژه با معانی «گسترش، تورم، افزایش و پیشرفت» همراه است. در مقابل، آنگرا ـ به معنای خشم (anger) به زبان انگلیسی ـ تخریب، رکود، آشوب و نابسامانی بار می‌آورد. زرتشت، فیلسوف بزرگ، معتقد است که عناصر جهان همواره به صورت جفت وجود دارند، که او آنها را روح‌های دوگانه می‌نامد. این دو نیرو نه در تقابل، بلکه به صورت بی‌طرف در ذهن بشر جریان دارند. وظیفهٔ انسان این است که افکار خود را به سوی ذهنی پر از نیکی و پیشرفت هدایت کرده و از اندیشه‌های شرورانه دوری جوید.

فکر خوب، که به نام وهومن شناخته می‌شود، ذهنیت پیشرو و نیروی محرکهٔ تغییرات به سوی رشد و تکامل است. این تغییر، ثابت و جاودانه است. به جز تغییر، تمامی اجزای جهان در حال دگرگونی و تکامل می‌باشند. وجودی به نام «بودن» نیست، بلکه همه چیز در حالت «شدن» است؛ «بودن» به معنای ماندن بی‌تحرک و صرفاً وجود داشتن است. نیروی وهومن در زندگی، دنیا را به سمت تحولی دائم و رو به رشد هدایت می‌کند. حتی یک میز یا سنگ نیز در حالت سکون نیست؛ بلکه حرکت و

---

[9] یسنا ۳۰ بند ۳

پویایی نامرئی میان مولکول‌های آن‌ها وجود دارد. هیچ چیزی در حالت استراحت نمی‌ماند؛ همه چیز در حال جریان و تغییر به سوی رشد و تحقق پتانسیل کامل خود است.

قدرت ذهن بی‌پایان است. افکار ما حالت وجودی ما را شکل می‌دهند. ما می‌توانیم از میان افکار خوب، دانا، محبت‌آمیز و دلسوز انتخاب کنیم، یا به سمت افکار شرور، جاهلانه و ظالمانه برویم. انتخاب افکار ما در ذهن، کلام و رفتار ما را شکل می‌دهد و ما را به آنچه خواهیم شد، هدایت می‌کند. ما به عنوان انسان نیز باید خود را با زندگی پیشرو و ذهن آگاه هماهنگ کنیم. اگر از ذهن برتر جدا شویم، به بیراهه می‌رویم و در دام فریب زندگی می‌کنیم.[10]

۳. هماهنگی (آشا ـ تعادل، قانون، نظم، آرتا: نماد هنر)

آشا، که سومین صفت اهورامزدا است، به معنای نظم، تعادل و دلیل الهی در هستی است. آشا، نیرویی منظم و پیچیده است که کیهان را اداره می‌کند. هنگامی که با دقت به وجود نگاه می‌کنیم، هیچ آشوبی مشاهده نمی‌شود؛ جهان بر مبنای اصول مشخص، نظم، هماهنگی و ریتم به فعالیت خود ادامه می‌دهد. آشا نمایندهٔ اصول الهی است که هم جهان مادی و هم جهان معنوی را در بر می‌گیرد. علم تلاشی است برای کشف و بهره‌برداری از این نیروی پیشین برای مقاصد ما. به طور مثال، نیوتن قانون جاذبه را خلق نکرد، بلکه با کشف آن، امروز ما قادریم هواپیما را به پرواز درآوریم یا ماهواره‌ای را به دور زمین بفرستیم. اگر جهان بر پایهٔ آشوب یا ناهنجاری بنا شده بود، هیچ کشف علمی ممکن نبود.

بدون قوانین و نظم ثابت، نه شب و روز را تجربه می‌کردیم و نه تغییر فصول را، و نمی‌دانستیم آب در چه دمایی منجمد می‌شود یا به جوش می‌آید. دقت این قوانین و حکمت موجود، پیش‌بینی‌پذیری را به ارمغان می‌آورد. می‌دانیم که آب یک روز در ۶۰ درجه و روز دیگری در ۹۵ درجه به جوش نمی‌آید. یک توازن و قانون ثابتی برای جوش آمدن آب وجود دارد (آشا). نیازی نیست برای درک این واقعیت دور برویم؛ کافی است به عملکرد بدن خودمان و حکمت پشت سیستم‌های گردش خون، هضم، ایمنی و پیچیدگی مغزمان نگاه کنیم تا آشا را دریابیم. علم به ما می‌گوید که جهان به طور مستمر و قابل پیش‌بینی عمل می‌کند. به صورت منطقی و هوشمندانه عمل می‌کند. آشوب، ساخته و پرداختهٔ دست بشر است و نظم موجود مداخله می‌کند. با نگاه عمیق به زندگی، قوانین و نظم (آشا) را کشف می‌کنیم که درک این قوانین، بینشی نسبت به رازهای کیهان و وجود برتر (اهورامزدا) به ما می‌دهد.[11]

---

[10] یسنا ۳۱ بند ۶

[11] یسنا ۳۱ بند ۱۳

در حالی که وهومن با اندیشهٔ نیک الهی گره خورده است، آشا به مثابهٔ اعمال و رفتار درست تجلی یافته است. عدالت به معنای هدایت رفتارها و اعمال ما به گونه‌ای است که شبیه به هوش الهی اهورامزدا باشد. فردی که در مسیر آشا گام برمی‌دارد، سرانجام به نور ابدی و جاودانگی دست خواهد یافت. آشا، قانون هستی است و برای داشتن زندگی‌ای سالم‌تر، باید زیر چتر همان قوانین و اصول زندگی کنیم. انحراف از این قوانین، آشوب و ناهماهنگی را به زندگی ما می‌آورد.

۴. اراده (شهریور ـ انضباط وکنترل درونی)

در فصل قبلی در مورد اراده بحث شد. ابتدا باید بین اراده و خواست قدرت تفاوت قائل شویم. خواست قدرتِ خودمحور، خودخواهانه است و بر مبنای تسلط بر دیگران استوار است. چون ما نمی‌دانیم که واقعاً کی هستیم و خود را با شخصیت‌مان یکی می‌دانیم، می‌خواهیم فردی خاص و متفاوت از دیگران باشیم. می‌خواهیم کسی باشیم که مهم‌تر، برتر و مقدس‌تر از دیگران است. خواستِ قدرت، تلاش ما برای کنترل دیگران است چون ممکن است احساس خاص بودن، ممتاز بودن و منحصر به فرد بودن داشته باشیم. درون ما خواسته‌ای وجود دارد مبنی بر اینکه دیگران به ما احترام بگذارند. این، حس عمیق حقارت در انسان است. ما به دنبال قدرتمند شدن هستیم تا تأیید، مقام، تکریم، احترام و کنترل به دست آوریم. ممکن است به دنبال قدرت باشیم چون به نفع خودخواهی ماست. قدرت مانند غذایی است که هویت کاذب ما را تغذیه می‌کند. فرد قدرتمند می‌تواند دیگرانی را که به خودبزرگ‌بینی یا اهمیت خودشان می‌نازند نابود سازد. موجود الهی نیازی به این ندارد.

اراده به معنای حاکمیت وجود حقیقی است. در آن شفافیت و قطعیت حاکم است. شک و تردید جایی ندارد. فرد به دقت می‌داند چه می‌خواهد و بر اساس آن عمل می‌کند. اراده از طریق شناخت و بصیرت به دست می‌آید. شخصی که می‌خواهد از اتاقی بیرون برود، وقتی در را می‌بندند سعی نمی‌کند که از دیوار یا از پنجره بیرون برود. راه و انتخاب عملی است مشخص و آگاهانه نه کورکورانه یا ناآگاهانه. تصمیم‌گیری بر اساس دید واضح انجام می‌شود. اراده تنها به معنای انضباط فردی برای ترک سیگار یا رفتن به باشگاه نیست، که آن را انضباط خودی می‌نامند. اراده زمانی معنا پیدا می‌کند که فرد می‌داند سیگار برای سلامتی زیان‌آور است و با وضوح تمام تصمیم می‌گیرد که سلامت خود را به خطر نیندازد. ما انسان‌ها چون آگاهی کامل نداریم، اغلب از ارادهٔ قوی برخوردار نیستیم و رفتارهایمان بیشتر تحت تأثیر خواسته‌ها و جذابیت‌های زودگذر است.

از آنجا که اهورامزدا نماد آگاهی مطلق است، در او شک، وسوسه یا تردید وجود ندارد. تمامی افکار، کلمات و اعمال او از دانایی مطلق نشأت می‌گیرند و دقیقاً مطابق با اراده‌اش هستند. حکمت و منطق مقدس، اراده‌ای در ما ایجاد می‌کنند که از طریق کلمات و اعمالمان بروز می‌یابد. اندیشیدن به خوبی‌ها، گفتن کلمات نیک و انجام دادن کارهای خوب، ارزش و ارادهٔ والاتری در وجود ما ایجاد می‌کند. اهورامزدا به انسان‌ها اراده بخشیده تا زندگی‌مان را بر اساس خرد انتخاب و تعیین کنیم، نه به شکلی رباتوار یا حیوان‌وار. به ما توان تمیز بین درست و نادرست داده شده تا اراده‌مان را به سمت نیکی هدایت کنیم. این هدیهٔ انتخاب، آگاهی ما را افزایش می‌دهد. اراده بدون نیکی و حکمت می‌تواند ما را به سوی خواست قدرت، تسلط و شرارت بکشاند.[12]

۵. صلح (آرمیتی ـ محبت، اخلاص)

در فصل پیشین، آرمیتی به معنای فضیلت، اخلاص، پارسایی، آرامش وسکون تعریف شد. اسپنتا آرمیتی، نمادی زنانه، بیانگر فضایل خدمت و مهرورزی است. این روح الهی، راهنما و محافظ پیروان در مسیر روحانی‌شان است و آرامش درونی و عشق به دیگران را نمایندگی می‌کند. آرمیتی همچنین به عنوان «مادر طبیعت» در هستی ما نقشی محوری ایفا می‌کند.

صلح زمانی به وقوع می‌پیوندد که آرامش درونی برقرار باشد، زمانی که هیچ شکاف، دوگانگی، تنش یا تردیدی وجود نداشته باشد. ما تنها در صورتی احساس صلح می‌کنیم که هارمونی و یکپارچگی درونی حاکم باشد. این حالت مانند شرکت در یک کنسرت است، جایی که همهٔ نوازندگان به طور هماهنگ ساز می‌زنند. بیماری زمانی رخ می‌دهد که عملکرد یک عضو دچار اختلال شود یا بدن با ناهماهنگی‌های درونی یا بیرونی مواجه شود. مثلاً بیماری می‌تواند زمانی اتفاق بیفتد که کلیه‌ها به درستی سموم را تصفیه نکنند یا پوست در معرض مقدار زیادی نور خورشید قرار گیرد. صلح به معنای استراحت کردن، احساس راحتی یا خوردن یک وعده غذای لذیذ نیست؛ بلکه به معنای تعادل، یگانگی و درک کلی‌نگر است. صلح در پی اندیشه‌های نیک، خرد، آگاهی، اراده، تعادل و نظم حاصل می‌شود. ما نمی‌توانیم در صلح باشیم اگر در آشوب، تردید، داشتن افکار شرورانه، یا در محیطی مختل زندگی کنیم.

صلح زمانی احساس می‌شود که تحریک، بی‌قراری، خواسته‌های برآورده نشده، عدم قطعیت، سردرگمی یا بیماری وجود نداشته باشد. در این حالت، آرامش، تعادل و رضایتمندی حاکم است. ما آرام، مستقر

---

[12] یسنا ۳۰ بند ۲

و در حال استراحت هستیم. صلح‌آمیز بودن نیز ویژگی دیگری از اهورامزدا است، چرا که ذهنی پاک (وهومن) دارد. آگاهی مطلق و خرد وجود دارد. هماهنگی و تعادل در درون و بیرون (آشا) برقرار است و هیچ تردید یا شکی وجود ندارد. ویژگی صلح‌آمیز بودن به خاطر این پایه‌های محکم برقرار است. بدون آنها، هرگز نمی‌توان صلح را تجربه کرد. حالت صلح‌آمیز همچنین به عنوان بهشت یا بهشتی شناخته می‌شود. 13

۶. کمال (خرداد ـ کمال، یکپارچگی، سلامت، رشد)

وقتی کلمهٔ «من» را به کار می‌بریم، انگار که انبوهی از «من‌ها» در درون‌مان زندگی می‌کنند. ما تصور می‌کنیم که یک حس یکپارچه و مستقل از خویشتن داریم، اما این دیدگاه اشتباه است. وقتی به خود نگاه می‌کنیم، متوجه می‌شویم که منِ یکپارچه وجود ندارد، بلکه هر شخص مملو از من‌های بی‌شماری است. چندین نفر هستیم؛ درون هر کدام از ما جمعیتی نهفته است. یک لحظه تصمیمی می‌گیریم، دقایقی بعد نظرمان تغییر می‌کند. لحظه‌ای حسی داریم و به زودی احساس متفاوتی پیدا می‌کنیم. بسته به شرایط، نقش‌های مختلفی را ایفا می‌کنیم، مثلاً در خانه همسر هستیم و در محل کار شخصیت دیگری داریم. اما در اهورامزدا، هیچ شکافی وجود ندارد؛ هیچ زیرشخصیتی نیست. اهورامزدا واحد، یکپارچه، کامل و بی‌نقص است؛ کمال و آگاهی و خرد مطلق. هیچ تقسیم‌بندی‌ای وجود ندارد. این حالت، تجسم مطلق وحدت و کمال است. اهورامزدا نیازی به رشد یا کامل شدن ندارد؛ او از همه جهات کامل است.

۷. جاودانگی (مرداد ـ جاویدان، ابدی)

ما تصوری از بی‌کرانی و ابدیت نداریم. زندگی بر زمین بر مبنای زمان و مکان شکل گرفته است. ما بیشتر چیزها را با استفاده از این دو چارچوب اندازه‌گیری می‌کنیم. زمان را به صورت خطی، از گذشته به آینده یا برعکس، سنجش می‌کنیم. اما وضعیتی فراتر از زمان وجود دارد؛ آن ابدیت است، بی‌زمان.

بیشتر حس زمانی ما از چرخش زمین به دور محور خود و خورشید نشأت می‌گیرد. تصور کنید زمین همیشه در یک فاصلهٔ ثابت از خورشید باقی بماند و حرکت نکند. نیمی از آن دائماً به سمت خورشید است و نیم دیگر در تاریکی دور از خورشید قرار دارد. در این حالت، چگونه می‌توانیم حس زمان

---

13 یسنا ۴۷ بند ۳

داشته باشیم؟ مفاهیم شب و روز یا تابستان و زمستان چه معنایی دارند؟ اگر همیشه رو به خورشید باشیم، چگونه می‌توانیم زمان را بسنجیم؟ اگر ساعت یا سایر ابزارهای زمان‌سنجی نداشته باشیم، آیا در نبود حرکت زمین زمانی وجود دارد؟ ما حس بی‌زمانی خواهیم داشت.

لحظه‌ای که به آگاهی از خود واقعی‌مان دست می‌یابیم، دیگر فانی نیستیم. بدن می‌میرد، اما بخشی از ما مانند اهورامزدا نامیرا و جاودان است. یک موج در اقیانوس آغاز و پایانی دارد، اما آیا واقعاً موج می‌میرد یا دوباره به اقیانوس تبدیل می‌شود؟ جاودان به معنای نداشتن آغاز و پایان است. بهترین توصیف ابدیت، مفهوم دایره است؛ کجا می‌توان آغاز یا پایان دایره را تعیین کرد؟ ابدیت به بی‌زمانی اشاره دارد، در حالی که بی‌کرانی با عدد همراه است. یکی از راه‌های فهم ابدیت، از طریق بی‌پایانی در اعداد است. می‌توانیم از ۱-، ۲-، ۳-، ۴- به ۱+، ۲+، ۳+، ۴+ برویم و این سلسله هرگز پایان نمی‌پذیرد.

در نماد فروهر که روح ابدی درون ما است، دایرهٔ مرکزی دور تنهٔ آن نمادی است از این که روح ما، شبیه به اهورامزدا، نه آغازی دارد و نه پایانی.

نتیجه گیری

احتمالاً داستان تارزان را شنیده‌اید. وقتی تارزان کوچک بود، با هواپیمایی همراه با خانواده‌اش سفر می‌کرد که هواپیما دچار سانحه شد و سقوط کرد و خانواده‌اش و دیگر سرنشینان هواپیما کشته شدند به‌جز تارزان. میمون‌ها او را پرورش دادند و او خود را میمون پنداشت، چرا که چیز دیگری نمی‌شناخت. وقتی سرانجام انسان‌های دیگر او را در جنگل یافتند، او نمی‌توانست باور کند که انسان است، نه میمون. پذیرش این واقعیت برای تارزان دشوار بود، هویت قبلی‌اش فروریخت. برای بازسازی خود از دیدگاهی جدید، نیاز به رهایی از خویشتن ساختگی‌اش داشت. ما نیز، اگر مایل به پیشرفت هستیم، باید رو در روی داستان‌ها و حکایاتی که مدتی به خود بسته‌ایم تا خودمان را تعریف کنیم، قرار بگیریم.

آیا ما همان‌هایی هستیم که باید باشیم، مثل تارزان که اصالت خود را فراموش کرده بود؟ باید هویت جدیدی برای خود پیدا کنیم تا از وهم‌هایمان آزاد شویم. تارزان به حقیقت خود پی برد و فهمید او انسان است. ما هم باید درک کنیم که هرکدام از ما هدفی والا برای وجود خویش داریم و باید موجودیتِ درونی برترمان را بیدار کنیم و پرورش و رشد دهیم.

بودا به معنی «بیدار شده» است. نام واقعی او سیدارتا بود که پس از سال‌ها کوشش از وهم خود برخاست و به موجودیت برتر خود - بودایی - رسید. سیدارتا که زندگی پر از تجمل و راحتی داشت، روزی متوجه شد که تمام راحتی‌های او زودگذرند. او از امنیت و اهداف نادرست زندگی‌اش گذشت و به دنبال هویت واقعی خود رفت، چیزی که «هرگز نمی‌میرد، هرگز بیمار نمی‌شود و هرگز پیری نمی‌بیند.» او سرانجام به بخش ابدی و جاودانهٔ وجود خود دست یافت. بعدها گفت که اگر او توانسته بودا شود، همهٔ ما هم می‌توانیم بیدار و بودا شویم.

زرتشت قرن‌ها پیش این پیام را می‌دهد: «تو نوری، پس چون شعله‌ای درخشان، نورت را در اطراف پخش کن.» او به ما یاد داد که برای دیدن و شناختن نور، خودمان باید مظهر نور باشیم، و نور درونی‌مان را به دیگران نیز بتابانیم. چون تو خود نوری، از نور برتر متفاوت نیستی، مانند ماه که نور خورشید را در تاریکی شب به زمین بازتاب می‌دهد.

نور و آگاهی ما دارای پراکندگی‌اند. تنها بخش کوچکی از ما به حالت بیداری می‌رسد، در حالی که قسمت عمده‌ای در ناخودآگاه باقی می‌ماند. نور درونی ما (اهورا) در تاریکی‌های نادانی و خودفریبی، خیال‌پردازی و ناخودآگاهی، نهفته است. ما به طور کامل یکی نیستیم؛ بلکه در تضاد با خود زندگی

می‌کنیم – خود واقعی در مقابل خود تصنعی. تا زمانی که آگاهی در ما بیدار نشود، زندگی ما پراکنده، در تقسیم و آشوب و نابسامانی است. می‌توانیم یکپارچه و همگرا باشیم وقتی که درونمان متحد شود و به وحدت برسیم. در غیر این صورت، مانند کوه یخی هستیم که تنها بخش کوچکی از پتانسیل ما نمایان است وبخش عمدۀ وجودمان در تاریکی اعماق پنهان مانده است.

ما ذاتاً خوب به دنیا آمده‌ایم، اما ناتمام. مأموریت ما بر زمین تکامل بخشیدن به خود از طریق حرکت از جهل به سوی آگاهی، از هرج و مرج به سوی نظم و هماهنگی، از خواسته‌ها و پرهیزها به سمت اراده، از چندگانگی خودها به سمت یکپارچگی به عنوان یک موجود حقیقی (فروهر – خود اصیل و جوهر)، از فانی بودن به بقا، از نفرت و خشم به مهر و علاقه، و از نقص به کمال است. آگاهی به معنی بیداری کامل و حضور دائم است. ولی وضعیت آگاهی ما بسیار محدود و پراکنده است. وقتی به خود نگاه می‌کنیم، می‌بینیم که بیدار نیستیم، بلکه بیشتر به صورت خودکار و مکانیکی، بر پایۀ آشنایی، الگوها، خواسته‌ها و راحتی، زندگی را سپری می‌کنیم.

در پیچ و خم زندگی روزانه، لایه‌هایی از آگاهی در ما نهفته است که باید به دقت به آنها بپردازیم. نخستین گام، تقویت و افزایش تکرار این لحظات آگاهی است. ما باید در لحظات غفلت و ناخودآگاهی، خود را به یاد آوریم و این تمرین را خودیادآوری می‌نامیم. این فرایند می‌تواند هنگام خوردن، قدم زدن، تماشای تلویزیون، یا گوش دادن به دیگران رخ دهد؛ شبیه رانندگی در تاریکی شب که می‌کوشیم بیدار و هوشیار باقی بمانیم تا در خواب فرو نرویم.

در مرحلۀ دوم، باید بر افزایش مدت زمان هر بار آگاهی تمرکز کنیم. گرچه این آگاهی ممکن است تنها چند ثانیه به طول انجامد، اما با پشتکار می‌توانیم هر بار زمان بیشتری را در حضور و بیداری سپری کنیم. سرانجام، بر شدت و عمق آگاهی خود در طول این تمرینات بیفزاییم. شدت آگاهی ما با دقت کامل به رویدادهای اطراف و همزمان با نظارت بر زبان بدن، افکار، کلمات درونی و احساساتمان افزایش می‌یابد. به عنوان نمونه، هنگام شنیدن داستان کسی، نه تنها به سخنان او گوش می‌دهیم بلکه به تأثیرات درونی این ارتباط بر خود نیز دقیقاً نظر می‌کنیم.

این فاصلۀ درونی میان ناظر (خود واقعی، آگاهی، هوشیاری) و منظور (موضوعِ نظر)، پایه‌ای برای رشد و توسعۀ آگاهی است. مدیتیشن صرفاً نشستن در سکوت، با پاهایی به هم قفل شده و پشتی راست نیست؛ بلکه آگاهی و حضور کامل در هر لحظه‌ای از زندگی است، چه کاری انجام دهیم و چه ندهیم. مدیتیشن فعالیت نیست، بلکه یک رهاسازی و دوری جستن از هویت خود در قبال فعالیت‌ها و داشتنِ نقش شاهد است. مدیتیشن کردن یعنی حضور و نظاره‌گری بر خود.

راه ما به سمت رشد و کمال، دور شدن از شخصیت‌های متعدد برای بیداری و شکوفایی جوهره‌مان است. در حقیقت، شخصیت ثابتی نداریم. هر یک از ما بسته به نقش‌ها، شرایط، سن، محیط و حالات عاطفی خود، دارای شخصیت‌های گوناگونی است. مدیتیشن یا مشاهده، فرصتی برای بازگشت به جوهره، یعنی خودِ اصیل ما است. در این حالت، ذهن به جای پرسه‌زنی در مسیرهای بی‌شمار و پرش از یک اندیشه به اندیشه‌ای دیگر، تحت فرمان آگاهی است و توجه، به جای سرگردانی، در مرکز درونی خود، همچون آینه‌ای درون‌نگر، ثابت و متمرکز می‌ماند.

هرچند که روان‌درمانگران و متخصصان بهداشت روانی در غرب می‌توانند در مقابله با بحران‌های فوری و درگیری‌های روزمرهٔ ما نقش مؤثری ایفا کنند، اما قادر نیستند ما را به اعماق وجودمان هدایت کنند. هدف از روان‌درمانی غربی، کارآمد ساختن افراد در جامعه و زندگی شخصی‌شان است؛ ولی این روش‌ها از تقویت شخصیت فراتر نمی‌روند و تمرکزشان بر استحکام بخشیدن به هویت فردی است تا در برابر مشکلات بتواند بهتر عمل کند. اما برای شناخت خویشتنِ فراتر از هویت زمینی و رسیدن به خودِ برتر، ما نیازمند آنیم که به میراث دانش شرقی روی آوریم و از آموزه‌های حکمت‌آموزان تاریخی چون زرتشت، عیسی، بودا، لائوتسه و دیگران بهره جوییم.

همانند کسانی که کوشیدند تارزان را به طبیعت اصیل‌اش بازگردانند، این معلمان به ما یاد داده‌اند که نور الهی و آگاهی درونی خود را شناسایی کنیم. آن‌ها ما را به چالش کشیدند که از وضع موجود خود راضی نمانیم و برای دستیابی به آنچه می‌توانیم به آن برسیم، تلاش کنیم. درس‌های آن‌ها تنها مشتمل بر بودن و ساده وجود داشتن نیست، بلکه مسیر تحول و پرورش پتانسیل‌های نهفتهٔ ما را نمایان ساخته است. آن‌ها ما را برانگیخته‌اند تا خود را از کرم ابریشم به پروانه‌ای زیبا و از آبی ساده به شرابی گرانبها مبدل سازیم. این بزرگان فقط معلمانی نبودند که دانش پایه‌ای ارائه دادند؛ آن‌ها کیمیاگرانی بودند که به قصد تغییر و ارتقای ما به سطح موجودیت‌های والاتر آمده بودند.

امتیاز انسان در این است که از نعمت انتخاب برای ترسیم مسیر سرنوشت خود برخوردار است. ما مختاریم که بین جهل و دانایی، صواب و خطا، نیکی و بدی، رشد و رکود، تمامیت و نقصان انتخاب کنیم. انتخابی در دستان ماست که در عین حال، نیازمند اراده‌ای راسخ، عطشی سیری‌ناپذیر، علاقه‌ای عمیق، وقف‌شدگی، حکمت، اصول اخلاقی و صداقت است.

دانستن و آگاهی از یک چیز دو مقولهٔ متفاوت هستند. دانستن به معنای تجربهٔ مستقیم و حکمت شخصی است، در حالی که آگاهی از چیزی به معنای کسب اطلاعات بدون تجربهٔ مستقیم آن است. به عنوان مثال، فردی می‌تواند خلبانی و نحوهٔ پرواز با هواپیما را از کتاب بیاموزد بدون آنکه پای به هواپیما گذاشته یا پرواز کرده باشد. زرتشت قانع به آموزش نظری مطلق نیست؛ او می‌خواهد که ما اهورامزدا

را در درون آگاهی خویش تجربه کنیم. او معتقد است که یکی از راه‌های شناخت ذات الهی، آشنایی با هفت ویژگی آن است: آگاهی و دانش، اندیشهٔ نیک، تعادل و نظم، اراده، وقف‌شدگی و آرامش، کمال و جاودانگی.

از نگاه زرتشت، شناخت خویشتن فقط به شغل، استعداد، ظاهر، طبقهٔ اجتماعی، هوش، جنسیت، ثروت یا مقام ما محدود نمی‌شود. شناخت خود به معنای آگاهی از اهورامزدا در درون ماست. شناخت خود یعنی درک دانهٔ آگاهی که باید پرورانده شود تا بتواند رشد کند و به میوه‌های حقیقی انسانیت برسد. برای این منظور، ضروری است که انسان با شناخت شخصیت خود و اتصال به جوهر واقعی‌اش، خویشتن ناپایدار را کنار بگذارد. این مسیری است برای پاکسازی و تصفیهٔ خود از آنچه نیستیم، تا بتوانیم به یاد آوریم که در اصل کی هستیم.

ما قادر به تجربهٔ موجود برتر خواهیم بود، هنگامی که خودمان دیگر نباشیم. ما در هستیِ بالاتر ذوب می‌شویم و چون رودی که در اقیانوس می‌ریزد، یکی می‌شویم. در این حالت، فرد از هر چیز و همهٔ هویت‌های خود تهی می‌شود. در افسانه‌ای، پادشاهی پارسی همهٔ طبقات جامعه، از فقیر تا ثروتمند، را در کاخ خود به ضیافتی دعوت کرد. میهمانان بر اساس موقعیت اجتماعی‌شان می‌نشستند؛ فقرا نزدیک در و پایین‌ترین بخش، در پی آنها مالکان زمین، بازرگانان، وزیران و در انتها نخست‌وزیر. پادشاه قرار بود بر تختی بالاتر از همه بنشیند ـ نشان‌دهندهٔ نظمی که او برای همگان فراهم آورده بود.

عارفی دانا و بصیر به کاخ شکوهمند وارد شد، در حالی که جمعیتی گرد آمده انتظار ورود پادشاه را می‌کشیدند. او نه در کنار فقیران نشست و نه در جمع ثروتمندان و وزیران. به جای آن، او بی‌معطلی یکراست به سوی بالاترین نقطهٔ کاخ پیش رفت، تا اینکه سرانجام نگهبانان او را در مسیرش متوقف کردند. نگهبانان با تعجب پرسیدند که آیا او خود را برتر از ثروتمندان یا وزیران می‌داند، و عارف با قاطعیت پاسخ داد بله، او بر آنها برتری دارد. سپس، از او پرسیدند آیا او از نخست‌وزیر و حتی پادشاه نیز بالاتر است، و او باز هم پاسخ مثبت داد. نگهبانان به او یادآوری کردند که تنها خداوند است که بالاتر از پادشاه قرار دارد، و پرسیدند آیا او خود را خداوند می‌داند. عارف با آرامش اعلام کرد که او حتی از خداوند نیز بالاتر است. همه به خنده افتادند و گفتند که چیزی بالاتر از خداوند وجود ندارد. عارف در پاسخ گفت: «این من هستم، من هیچ هستم.»

وقتی کسی هست، خدا غایب است ووقتی هیچ‌کس نیست، خدا حضور دارد. در آن لحظه، دیگر شخصی در بدن نیست وهمه به نور تبدیل می‌شوند؛ همان نوری که به عنوان جوهر واقعیت، در همهٔ موجودات می‌درخشد ونشان‌دهندهٔ بینش، آگاهی وهوشیاری بالاتر است؛ جرقه‌ای الهی که هر موجود زنده‌ای را به جنبه‌های روحانی وکیهانی خود متصل می‌کند.

به امید آنکه همیشه عشق و خرد مزدا همراهتان باشد.

با مهر

بهرام

www.zarathustra.ca